드림웨이브

하나님 나라의 시작 2

민수기 ll 신명기 ll 여호수아
마태복음 ll 누가복음

저학년

꿈이있는 미래

드림웨이브 하나님 나라의 시작 2 저학년

초판 1쇄 인쇄 2022년 5월 25일
초판 1쇄 발행 2022년 6월 3일

글 쓴 이 정형근, 김예영, 김지은, 서선경
그 린 이 박미량

발 행 인 김은호
발 행 처 도서출판 꿈미
등　　록 제2014-000035호
주　　소 서울시 강동구 양재대로81길 39, 202호
전　　화 02-6413-4896
팩　　스 02-470-1397
홈페이지 www.coommi.org
쇼 핑 몰 www.coommimall.com

ISBN 979-11-90862-54-7 74230
ISBN 979-11-89047-15-3 74230 (SET)

머리말

기독교 교육에서 중요한 것은 하나님에 대한 지식을 넘어 하나님과의 경험을 풍성하게 하는 것입니다. 이런 교육 철학으로 다음세대가 하나님과의 스토리를 만들어 가도록 초등학생을 위한 공과 교재를 발간했습니다.

하나님의 말씀에는 세상이 감당할 수 없는 하나님의 사람으로 자라나게 하는 힘이 있습니다. 이 교재는 다음세대가 하나님의 말씀을 통해 자신을 들여다보고 삶을 변화시키도록 돕습니다. 다음세대가 하나님의 이야기를 배우고 그 이야기가 나의 이야기로 어떻게 연결되는지를 체험하게 될 것입니다. 이와 같은 교육 철학을 담은 '드림웨이브'를 통해 한국 교회와 가정, 학교에서 다음세대가 다시 일어나고, 그들이 하나님 나라의 귀한 일꾼으로 세워지길 간절히 기도합니다.

꿈이 있는 미래 대표 김은호 **목사**

차 례

교재 활용법

7단원 1과

하나님의 명령을 따라요

읽을 말씀 민수기 9장 15~23절

외울 말씀 네 하나님 여호와의 명령을 지켜 그의 길을 따라가며 그를 경외할지니라 (신명기 8장 6절).

원 포인트 하나님의 명령을 따라 살아야 해요.

welcome

가장 좋아하고 따르고 싶은 것은?

그림에 있는 것 중에서 내가 가장 좋아하는 것, 따르고 싶은 것을 고르고 그 이유를 이야기해 보세요.

17

adventure

설교 말씀을 기억하며 빈칸을 채워 성경 이야기를 완성해 보세요.

보기 불 | *행진 | 명령 | *성막 | 구름

이스라엘 백성은 광야에 ☐☐을 쳤어요.

낮에는 ☐☐이, 밤에는 ☐ 모양이 *성막 위를 덮었어요.

이스라엘 백성은 구름이 떠오를 때 ☐☐했고 구름이 머무는 곳에서 멈췄어요.

이스라엘 백성은 하나님의 ☐☐을 따라 움직였어요.

단어 설명

성막(15절) 이스라엘 백성이 이동하면서 하나님을 예배하기 위해 만든 성전이에요.

행진(17절) 줄을 지어 앞으로 나아가는 것을 의미해요.

18

welcome

공과의 도입 단계로, 성경 말씀을 배우기 전에 말씀과 관련된 내용을 살펴보면서 말씀에 집중하도록 돕는 단계입니다.

adventure

말씀을 배우는 단계로, 설교 시간에 들은 말씀을 떠올리며 말씀의 핵심을 이해하고 기억하도록 돕는 단계입니다.

value

부록 141쪽

하나님의 명령을 따라 살아요

하나님의 명령대로 움직였던 이스라엘 백성의 모습을 기억하며, 하나님의 명령을 내 마음에 품고 기억하며 살기로 다짐해 보세요.

준비물

부록 공과 자료, 풀, 색연필

활동 방법

1 부록 공과 자료를 모두 뜯어요.
2 남학생은 남자아이, 여학생은 여자아이 마음에 있는 성경책을 색칠해요.
3 마음 문(하트)을 붙여요.
4 마음 문을 열어 보며 내 마음 안에 무엇이 있는지 말해요.
5 선생님을 따라 "하나님의 명령을 따라 살아요"라고 고백해요.

19

encourage

학습 요점

1. 하나님의 자녀는 하나님의 명령을 따라 움직여요.
2. 우리는 하나님의 명령을 따라 살아야 해요.

이번 주 미션

하나님이 명령하신 말씀을 읽고 실천해 보세요. 그리고 어떻게 실천했는지 적어 보세요.

하나님의 명령	어떻게 실천했나요?
네 마음을 다하고 목숨을 다하고 뜻을 다하여 주 너의 하나님을 사랑하라	· ·
네 이웃을 네 자신과 같이 사랑하라	· ·

이번 주 실천 사항

성경 읽기	기도하기	말씀 암송	이번 주 미션

20

value	배운 말씀을 삶의 가치로 적용하는 단계로, 말씀이 나의 삶에 어떤 의미가 있는지를 깨닫고 말씀을 실천하기로 결심하는 단계입니다.
encourage	말씀을 가지고 삶으로 나아가는 단계로, 말씀을 어떻게 삶에 적용할지를 구체적으로 생각하고 한 주간 삶에 적용하는 단계입니다.

한눈에 보기

단원	과	제목	읽을 말씀	외울 말씀	원 포인트	이번 주 미션
7단원	1	하나님의 명령을 따라요	민 9:15~23	신 8:6	하나님의 명령을 따라 살아야 해요.	하나님의 명령 따라 살기!
	2	필요한 것을 채워 주세요	민 11:26~35	눅 12:29	하나님은 우리에게 필요한 것을 채워 주세요.	하나님의 채워 주심 믿기!
	3	하나님의 인도하심을 믿어요	민 14:1~10	민 14:8	하나님의 인도하심을 믿어야 해요.	하나님과의 약속 지키기!
	4	하나님과 이웃을 사랑해요	신 5:1~22	요 15:12	하나님 사랑, 이웃 사랑이 가장 큰 계명이에요.	하나님과 이웃 사랑하기!
	5	최선을 다해 하나님을 사랑해요	신 6:1~9	신 6:4~5	마음과 뜻과 힘을 다해 하나님을 사랑해요.	하나님 사랑하기!
8단원	1	하나님을 인정하면 구원을 얻어요	수 2:15~24	시 46:10	하나님을 인정하는 사람은 구원을 얻어요.	하나님 인정하기!
	2	하나님의 방법이 승리의 방법이에요	수 6:1~11	요일 5:4	하나님의 방법이 승리하는 방법이에요.	하나님의 방법대로 살기!
	3	욕심은 죄를 낳아요	수 7:2~15	약 1:15	욕심이 커지면 죄를 짓게 돼요.	욕심 버리기!
	4	하나님이 우리를 위해 싸우세요	수 10:6~15	시 124:8	전능하신 하나님이 우리를 위해 싸우세요.	하나님께 맡기기!
9단원	1	하나님이 승리를 주세요	수 11:16~23	수 1:6	하나님이 우리에게 승리를 주세요.	하나님께 편지 쓰기!
	2	믿음은 두려움을 이겨요	수 14:1~12	수 14:12	하나님을 믿는 믿음이 두려움을 이기게 해요.	두려움 극복하기!
	3	하나님은 나의 도피성이에요	수 20:1~9	시 18:2	하나님은 우리의 도피성이 되세요.	도피성 삼행시 짓기!
	4	말씀을 따라 살아요	수 23:1~16	잠 4:27	하나님의 말씀을 따라 살아야 해요.	하나님 말씀 따라 살기!

	과	제목	읽을 말씀	외울 말씀	원 포인트	이번 주 미션
10단원	1	예수님은 나의 구원자예요	마 1:18~25	마 1:21	예수님은 나를 구원하신 분이에요.	기도문 적기!
	2	말씀으로 승리해요	마 4:1~11	시 119:105	죄의 유혹을 말씀으로 승리해요.	죄의 유혹에서 승리하기!
	3	복 있는 사람은 다르게 살아요	마 5:1~12	마 5:3	복 있는 사람은 세상 사람들과 다르게 살아요.	복 있는 사람으로 살기!
	4	예수님은 우리를 제자로 부르세요	눅 5:1~11	막 1:17	예수님은 우리를 찾아오셔서 제자로 부르세요.	예수님을 1등으로 삼기!
	5	하나님의 사랑을 닮아요	눅 6:27~38	눅 6:36	하나님의 사랑과 자비를 닮아야 해요.	자비로운 사람으로 살기!
11단원	1	말씀을 듣고 지켜요	눅 8:1~15	눅 8:15	하나님의 말씀을 듣고 지켜야 해요.	말씀 실천하고 열매 맺기!
	2	믿음으로 구원받아요	눅 8:49~56	눅 8:50	하나님을 믿기만 하면 구원을 얻어요.	믿음으로 구원받기!
	3	이웃을 나 자신처럼 사랑해요	눅 10:25~37	눅 10:27	이웃을 나 자신처럼 사랑해야 해요.	사랑 쿠폰 실천하기!
	4	하나님 나라를 위해 기도해요	눅 12:22~34	마 6:33	하나님 나라를 구하는 기도를 해야 해요.	하나님 나라 구하기!
12단원	1	십자가를 지고 예수님을 따라가요	눅 14:25~35	눅 14:27	제자는 십자가를 지고 예수님을 따르는 사람이에요.	먼저 양보하기!
	2	하나님은 잃어버린 사람을 찾으세요	눅 15:11~24	눅 15:7	하나님은 잃어버린 사람을 찾고 계세요.	전도지 만들기!
	3	응답하시는 하나님께 기도해요	눅 18:1~8	시 102:2	기도에 응답하시는 하나님께 믿음으로 기도해야 해요.	하나님께 감사 카드 쓰기!
	4	예수님을 만나면 변해요	눅 19:1~10	눅 19:10	예수님을 만나면 변화된 삶을 살아요.	변화 실천하기!
절기	추수 감사 주일	하나님이 베푸신 은혜에 감사해요	신 16:13~17	살전 5:18	하나님이 베푸신 은혜에 감사해야 해요.	이웃과 감사 나누기!
	성탄 주일	예수님은 회복을 주세요	사 61:1~9	눅 2:14	예수님은 회복을 주시는 구원자예요.	예수님 전하기!

Numbers

민수기를 소개합니다

'민수기'의 뜻은?

민수기는 두 가지 의미가 있어요. 첫 번째는 '광야에서'(민 1:1)라는 의미예요. 애굽에서 탈출한 이스라엘 백성이 광야에서 생활한 내용을 담고 있기 때문이에요. 두 번째는 '숫자들'(민 1, 26장)이라는 의미예요. 백성의 수를 기록했기 때문이에요. '백성들의 수가 기록된 책'이라는 뜻의 민수기라고 이름을 붙인 이유는 이스라엘 민족의 인구조사 기록이 담겨 있기 때문이에요.

누가 썼나요?

모세가 썼어요.

언제 썼나요?

민수기에는 이스라엘 백성이 애굽에서 탈출한 후, 시내산에서부터 38년의 광야 생활을 마치고 모압 평지에 도착할 때까지의 이야기가 기록되어 있어요. 이 책은 그 기간에 쓰였다고 추정하고 있어요.

어떤 내용이 담겨 있나요?

민수기에는 애굽을 탈출한 이스라엘 백성의 광야 생활에 관한 내용이 담겨 있어요. 이스라엘 백성은 광야에서 하나님의 말씀을 듣고 하나님과 함께 살아가는 방법을 배웠어요. 그리고 약속의 땅에 들어가기 위해 전쟁에 나갈 수 있는 백성의 수를 조사한 인구조사 내용도 담겨 있어요.

무엇을 배우게 되나요?

우리는 민수기에서 하나님이 광야에서 이스라엘 백성과 함께하시는 내용을 공부할 거예요. 하나님은 광야라는 메마른 죽음의 땅에서 이스라엘 백성이 하나님과 함께하는 법을 가르쳐 주셨어요. 그리고 이스라엘 백성을 약속의 땅으로 인도해 가셨어요.
이제 우리는 약속의 땅을 향해 믿음으로 나아가는 이스라엘 백성의 발걸음을 통해 하나님이 그분의 백성에게 주시는 하나님 나라의 시작을 배울 거예요.

Deuteronomy

신명기를 소개합니다

'신명기'의 뜻은?

신명기는 히브리어로 쓰였어요. '계명을 밝히 설명하는 책'이란 뜻의 신명기는 모세오경(창세기, 출애굽기, 레위기, 민수기, 신명기)의 다섯 번째 책이에요. 신명기라고 이름을 붙인 이유는 가나안 땅이 보이는 요단강 동쪽 모압 평지에서 한 모세의 설교가 담겨 있기 때문이에요.

누가 썼나요?

모세가 썼어요.

언제 썼나요?

신명기는 BC 1406년경에 기록된 것으로 추정하고 있어요. 지금으로부터 3,000년 이상 된 책이죠.

어떤 내용이 담겨 있나요?

신명기에는 이스라엘이 언약의 자손임을 알려 주는 내용이 담겨 있어요. 그리고 광야 생활과 십계명, 율법 준수, 가나안 정복에 대한 명령, 하나님에 대한 순종과 사랑에 대해 살펴볼 수 있어요. 언약 백성인 이스라엘이 하나님의 법을 지킬 때, 약속의 땅에서 복과 은혜를 누리며 제사장 나라의 임무를 다할 수 있다는 교훈이 담겨 있는 책이에요.

무엇을 배우게 되나요?

우리는 신명기에서 모세가 불순종 때문에 가나안 땅에 들어가지 못하는 내용을 공부할 거예요. 그리고 이스라엘의 지도자가 모세에서 여호수아로 바뀌는 모습을 통해 하나님을 신뢰하고 순종해야 함을 배울 거예요.

하나님은 이스라엘 백성을 택하셔서 그들을 보호하고 인도하신 유일한 신이에요. 이제 우리는 하나님의 말씀을 지켜 행하여 복을 받는 이야기를 통해 하나님 나라의 시작을 배울 거예요.

Joshua

여호수아를 소개합니다

'여호수아'의 뜻은?

여호수아는 히브리어로 쓰였어요. 여호수아의 원래 이름은 '예호슈아'로, '여호와 하나님이 구원하신다'라는 의미예요. 여호수아라고 이름을 붙인 이유는 모세 다음으로 여호수아가 이스라엘의 지도자가 되어 가나안 땅을 정복해 나가는 이야기를 기록하고 있기 때문이에요.

누가 썼나요?

여호수아가 썼어요.

언제 썼나요?

여호수아는 가나안 정복 전쟁 이후 대략 BC 1405년경에 기록된 것으로 추정하고 있어요. 지금으로부터 3,000년 이상 된 책이죠.

어떤 내용이 담겨 있나요?

여호수아에는 하나님이 아브라함과 이삭, 야곱, 요셉, 모세와 같은 믿음의 사람들에게 주신 약속들이 이루어지는 내용이 담겨 있어요. 바로 이스라엘 백성이 어떻게 약속의 땅 가나안을 하나님의 선물로 받을 수 있는지에 대한 이야기예요. 이스라엘 백성이 가나안 땅을 정복하고 땅을 나누는 흥미진진한 이야기가 담겨 있어요.

무엇을 배우게 되나요?

우리는 여호수아에서 하나님은 약속을 지키시는 분임을 배울 거예요. 그런데 이때 중요한 것은 하나님의 말씀을 지켜 행해야 한다는 거예요(수 1:7, 23:6). 이스라엘 백성이 하나님의 말씀을 지켜 행하면서 약속의 땅 가나안을 정복할 때, 하나님은 그 땅을 선물로 주셨어요.

약속을 지키시는 하나님은 우리가 언제나 그분의 말씀을 지켜 행하기를 원하세요. 이제 우리는 하나님의 약속을 소망하며, 하나님의 말씀에 순종하며 살아가는 하나님 나라의 시작을 배울 거예요.

Matthew

마태복음을 소개합니다

'마태복음'의 뜻은?

마태복음은 예수님의 열두 제자 중 하나였던 '마태에 의해 기록된 책'이라는 뜻이에요. '왕이신 예수님과 하나님 나라'에 대해 강조하며 구약의 메시아(유대인의 왕) 예언의 성취를 강조해요. 구약과 신약을 잇는 중요한 역할을 하는 책이에요.

누가 썼나요?

마태가 썼어요.

언제 썼나요?

마태복음은 AD 50년 후반부터 AD 70년 이전의 어느 시기에 쓰인 것으로 추정하고 있어요. 이 기간은 예루살렘에서 유대인 기독교도들의 흩어짐이 본격적으로 이루어진 시기와 예루살렘 멸망의 시기 사이에 위치해요.

어떤 내용이 담겨 있나요?

마태복음에는 예수님의 탄생에 관한 내용이 담겨 있어요. 또한 예수님이 갈릴리 호숫가의 산 위에서 설교하신 내용의 산상수훈, 열두 제자를 파송하시며 하신 설교, 천국에 대한 비유, 그리스도인 공동체가 사는 방식, 감람산에서 하신 말씀, 예수님의 십자가 죽음과 부활 그리고 복음 전파의 임무를 제자들에게 맡기시는 이야기가 담겨 있어요.

무엇을 배우게 되나요?

우리는 마태복음에서 예수님이 하나님의 아들이자 메시아라는 내용을 공부할 거예요. 예수님이 이 땅에 오심으로 하나님 나라가 시작되었어요. 또한 예수님은 구약의 예언들을 성취하셨을 뿐만 아니라 율법을 완성하신 분이에요.

예수님을 따르는 사람들은 죄인들을 향한 하나님의 은혜와 하나님 나라를 경험하고 선포하며, 예수님의 말씀을 지키도록 가르치고, 모든 민족에게 복음을 전파하여 제자 삼게 될 거예요. 이제 우리는 우리가 전해야 할 하나님 나라의 시작을 배울 거예요.

Luke

누가복음을 소개합니다

'누가복음'의 뜻은?

누가복음은 헬라인 의사이자 바울의 동료였던 '누가에 의해 기록된 책'이라는 뜻이어요. 누가복음은 다른 복음서들과 달리 유일하게 이방인이 기록한 책이에요. 누가는 누가복음 안에 이방인을 향한 예수님의 마음을 잘 담아 두었어요.

누가 썼나요?

누가가 썼어요.

언제 썼나요?

누가복음은 정확한 기록 연대를 알 수 없지만 대략 AD 70년 이후에 기록된 것으로 추정하고 있어요. 그 이유는 다른 복음서와는 달리 예루살렘의 멸망이 매우 구체적인 형태(눅 21:20)로 나타나 있고, 멸망이 임박한 것처럼 표현하기보다 조금 완화된 표현을 사용하고 있기 때문이에요(눅 19:11, 21:8).

어떤 내용이 담겨 있나요?

누가복음의 기록 목적은 서론(눅 1:1~4)에 분명하게 제시되어 있어요. 누가는 믿음이 연약한 로마의 고위 관리 데오빌로에게 예수님에 대한 자세한 정보를 제공하여 그의 신앙을 세워 주려고 했어요. 또한 누가복음에는 예수님을 믿게 하는 데 필요하다고 판단되는 모든 자료, 복음 전파의 합법성을 입증하기 위한 자료가 담겨 있어요. 누가는 복음 전파를 소망했기 때문이에요.

무엇을 배우게 되나요?

우리는 누가복음에서 구원의 주체가 누구이신지 분명하게 배울 거예요. 누가복음 초반부의 찬송들(눅 1:47, 2:11, 30~35)은 하나님이 인간의 구원을 위해 일하심을 강조하고 있어요. 누가복음에만 나오는 세 가지 비유(잃어버린 양 · 동전 · 아들)는 구원에 대한 하나님의 주도권을 생생하지만 강력하게 보여 주고 있어요.

죄인인 우리는 우리를 구원해 주신 하나님께 감사해야 해요. 이제 우리는 오직 하나님의 전적인 은혜로만 갈 수 있는 하나님 나라의 시작을 배울 거예요.

하나님 나라의 시작 ②

7단원

unit 7

7단원 1과

하나님의 명령을 따라요

읽을 말씀 민수기 9장 15~23절

외울 말씀 네 하나님 여호와의 명령을 지켜 그의 길을 따라가며 그를 경외할지니라 (신명기 8장 6절).

원 포인트 하나님의 명령을 따라 살아야 해요.

welcome

가장 좋아하고 따르고 싶은 것은?

그림에 있는 것 중에서 내가 가장 좋아하는 것, 따르고 싶은 것을 고르고 그 이유를 이야기해 보세요.

adventure

설교 말씀을 기억하며 빈칸을 채워 성경 이야기를 완성해 보세요.

보기 불 | *행진 | 명령 | *성막 | 구름

이스라엘 백성은 광야에 □□을 쳤어요.

낮에는 □□이, 밤에는 □ 모양이 *성막 위를 덮었어요.

이스라엘 백성은 구름이 떠오를 때 □□했고 구름이 머무는 곳에서 멈췄어요.

이스라엘 백성은 하나님의 □□을 따라 움직였어요.

단어 설명

성막(15절) 이스라엘 백성이 이동하면서 하나님을 예배하기 위해 만든 성전이에요.

행진(17절) 줄을 지어 앞으로 나아가는 것을 의미해요.

value

부록 141쪽

하나님의 명령을 따라 살아요

하나님의 명령대로 움직였던 이스라엘 백성의 모습을 기억하며, 하나님의 명령을 내 마음에 품고 기억하며 살기로 다짐해 보세요.

준비물

부록 공과 자료,
풀, 색연필

활동 방법

1 부록 공과 자료를 모두 뜯어요.

2 남학생은 남자아이, 여학생은 여자아이 마음에 있는 성경책을 색칠해요.

3 마음 문(하트)을 붙여요.

4 마음 문을 열어 보며 내 마음 안에 무엇이 있는지 말해요.

5 선생님을 따라 "하나님의 명령을 따라 살아요"라고 고백해요.

encourage

학습 요점

1. 하나님의 자녀는 하나님의 명령을 따라 움직여요.
2. 우리는 하나님의 명령을 따라 살아야 해요.

이번 주 미션

하나님이 명령하신 말씀을 읽고 실천해 보세요. 그리고 어떻게 실천했는지 적어 보세요.

하나님의 명령	어떻게 실천했나요?
네 마음을 다하고 목숨을 다하고 뜻을 다하여 주 너의 하나님을 사랑하라	• •
네 이웃을 네 자신과 같이 사랑하라	• •

이번 주 실천 사항

성경 읽기	기도하기	말씀 암송	이번 주 미션

7단원 2과

필요한 것을 채워 주세요

읽을 말씀 민수기 11장 26~35절

외울 말씀 너희는 무엇을 먹을까 무엇을 마실까 하여 구하지 말며 근심하지도 말라(누가복음 12장 29절).

원 포인트 하나님은 우리에게 필요한 것을 채워 주세요.

welcome

가장 생각나는 음식은?

배고플 때 어떤 음식이 가장 생각나는지 친구들과 함께 이야기해 보세요.

adventure

설교 말씀을 기억하며 가로세로 낱말 퀴즈를 풀어 보세요.

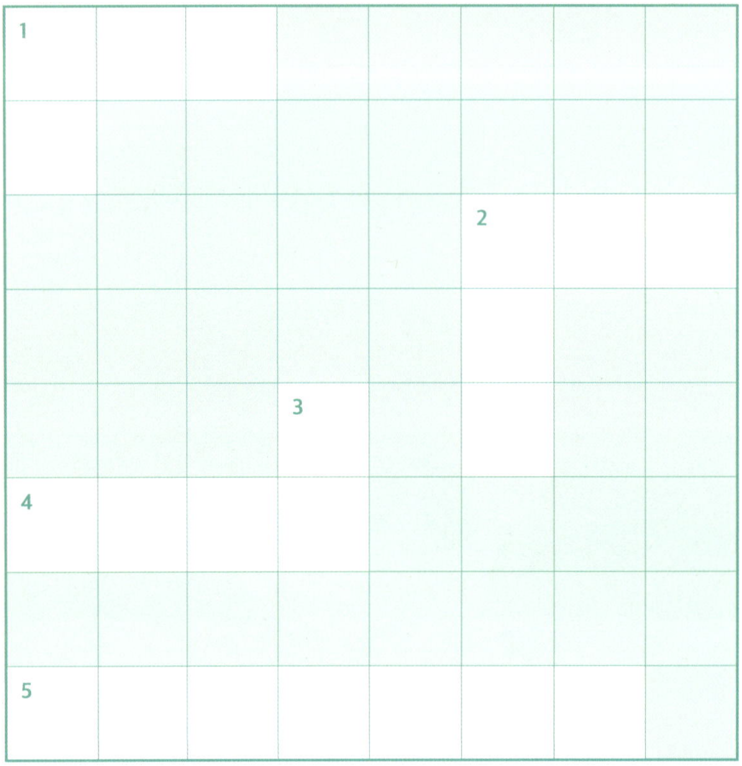

가로 문제

1 하나님은 그분의 영을 모든 백성에게 주셔서 다 ○○○가 되기를 원하세요. (29절)

2 이스라엘 백성에게 필요한 것을 주신 분은 누구신가요?

4 하나님이 이스라엘 백성에게 먹을 것으로 무엇을 주셨나요? (31절)

5 '탐욕의 무덤'이라는 뜻을 가진 곳으로, 욕심을 낸 백성을 장사한 곳의 이름은 무엇인가요? (34절)

세로 문제

1 다른 사람이 기뻐하도록 마음을 담아 주는 물건을 뭐라고 하나요?

2 이스라엘 백성은 기브롯 핫다아와에서 행진하여 ○○○로 갔어요. (35절)

3 ○○가 아직 이 사이에 있어 씹히기 전에 하나님이 이스라엘 백성에게 재앙을 내리셨어요. (33절)

value

채워 주심에 감사해요

식탁에 어제와 오늘 먹었던 음식들을 적거나 그려 보세요. 그리고 우리의 먹을 것을 채워 주시는 감사한 분이 누구신지 이야기해 보세요.

Q 우리의 먹을 것을 채워 주시는 분은 누구신가요?

A ____________________

encourage

학습 요점

1. 하나님은 우리에게 필요한 것을 채워 주세요.
2. 필요한 것을 채워 주시는 하나님을 믿으며 감사해요.

이번 주 미션

내게 꼭 필요한 것들을 적고, 하나님이 언제 채워 주셨는지 체크해 보세요.

꼭 필요한 것	월	화	수	목	금	토
예 잘 때 필요한 베개와 이불	✓	✓	✓	✓	✓	✓

내게 필요한 것을 채워 주신 분은 누구신가요? ____________________

이번 주 실천 사항

성경 읽기	기도하기	말씀 암송	이번 주 미션

7단원 3과

하나님의 인도하심을 믿어요

읽을 말씀 민수기 14장 1~10절

외울 말씀 여호와께서 우리를 기뻐하시면 우리를 그 땅으로 인도하여 들이시고 그 땅을 우리에게 주시리라 이는 과연 젖과 꿀이 흐르는 땅이니라(민수기 14장 8절).

원 포인트 하나님의 인도하심을 믿어야 해요.

welcome

얼마나 기다릴 수 있나요?

약속 장소에서 친구를 기다리는데 오지도 않고 연락도 되지 않아요. 하지만 꼭 만나기로 했다면, 얼마나 기다릴 수 있을지 이야기해 보세요.

adventure

민수기 14장 1~10절을 읽고 빈칸에 들어갈 말을 <보기>에서 찾아 넣으세요.

보기 여호와 | 모세 | 갈렙 | 탐구 | *정탐 | 인도 | 안내 | 함께

1 온 회중이 소리를 높여 부르짖으며 백성이 밤새도록 통곡하였더라

2 이스라엘 자손이 다 모세와 아론을 원망하며 온 회중이 그들에게 이르되 우리가 애굽 땅에서 죽었거나 이 광야에서 죽었으면 좋았을 것을

3 어찌하여 □□□가 우리를 그 땅으로 인도하여 칼에 쓰러지게 하려 하는가 우리 처자가 사로잡히리니 애굽으로 돌아가는 것이 낫지 아니하랴

4 이에 서로 말하되 우리가 한 지휘관을 세우고 애굽으로 돌아가자 하매

5 모세와 아론이 이스라엘 자손의 온 회중 앞에서 엎드린지라

6 그 땅을 *정탐한 자 중 눈의 아들 여호수아와 여분네의 아들 □□이 자기들의 옷을 찢고

7 이스라엘 자손의 온 회중에게 말하여 이르되 우리가 두루 다니며 □□한 땅은 심히 아름다운 땅이라

8 여호와께서 우리를 기뻐하시면 우리를 그 땅으로 □□하여 들이시고 그 땅을 우리에게 주시리라 이는 과연 젖과 꿀이 흐르는 땅이니라

9 다만 여호와를 거역하지는 말라 또 그 땅 백성을 두려워하지 말라 그들은 우리의 먹이라 그들의 보호자는 그들에게서 떠났고 여호와는 우리와 □□하시느니라 그들을 두려워하지 말라 하나

10 온 회중이 그들을 돌로 치려 하는데 그 때에 여호와의 영광이 회막에서 이스라엘 모든 자손에게 나타나시니라

단어 설명

정탐(6~7절) 밝혀지지 않은 어떤 것을 몰래 살펴서 알아내는 것을 의미해요.

value

부록 142쪽

인도하심을 믿고 따라가요

눈을 가리고 친구들과 선생님이 인도하는 대로 따라가며, 보이지 않아도 하나님의 인도하심을 믿고 따라가기로 결단해 보세요.

준비물

부록 공과 자료,
풀, 테이프, 사인펜

활동 방법

1 부록 공과 자료를 뜯어요.

2 풀칠해서 안대 모양으로 만들어요.

3 사인펜으로 자유롭게 안대를 꾸며요.

4 머리 크기에 맞게 안대에 테이프를 붙여서 고정해요.

5 안대를 착용하고 친구들과 선생님의 소리를 듣고 따라가요.

6 활동을 마친 후 느낀 점을 이야기해요.

encourage

학습 요점

1. 하나님은 약속하신 대로 인도하시는 분이에요.
2. 하나님의 인도하심을 믿고 따라가야 해요.

이번 주 미션

하나님과 꼭 지키고 싶은 약속들을 적고, 한 주 동안 지켰는지 체크해 보세요. 그리고 아래 질문에 답해 보세요.

하나님과 꼭 지키고 싶은 약속	지켰으면 O, 못 지켰으면 X

약속을 지킬 수 있도록 인도하신 분은 누구신가요? ____________________

이번 주 실천 사항

성경 읽기	기도하기	말씀 암송	이번 주 미션

7단원 4과

하나님과 이웃을 사랑해요

읽을 말씀 신명기 5장 1~22절

외울 말씀 내 계명은 곧 내가 너희를 사랑한 것 같이 너희도 서로 사랑하라 하는 이것이니라(요한복음 15장 12절).

원 포인트 하나님 사랑, 이웃 사랑이 가장 큰 계명이에요.

welcome

가장 사랑하는 것은?

내가 가장 사랑하는 것은 무엇인지 이야기하고, 하나님을 얼마나 사랑하는지도 이야기해 보세요.

adventure

설교 말씀을 기억하며 다섯 가지 문제를 풀어 보세요.

1 하나님은 어디서 이스라엘 백성과 언약을 세우셨나요? (2절)

① 애굽 ② 가나안 땅 ③ 호렙산 ④ 에덴동산

2 빈칸에 들어갈 알맞은 단어를 적어 보세요.

"나는 너를 애굽 땅, 종 되었던 집에서 인도하여 낸 네 ○○○ 여호와라." (6절)

____

3 빈칸에 들어갈 알맞은 단어를 골라 보세요.

"너는 네 하나님 여호와께서 명령한 대로 네 부모를 *공경하라 그리하면 네 하나님 여호와가 네게 준 땅에서 네 ○○이 길고 복을 누리리라." (16절)

① 마음 ② 생명 ③ 재물 ④ 말씀

4 "도둑질 하지 말지니라"(19절). 이 계명은 '이웃 사랑'에 대한 계명이다. (O / X)

5 오늘 읽은 말씀에서 '이웃'이라는 단어가 몇 번 나오나요? (힌트 : 20~21절)

____

단어 설명

공경(16절) 부모님을 존경하는 마음으로 예의를 갖추어 섬기는 것을 의미해요.

value

하나님과 이웃을 사랑해요

열 가지 계명을 보고 '하나님 사랑'과 '이웃 사랑'에 해당하는 것에 밑줄을 그어 보세요. 그리고 십계명 중에 몇 번째 계명인지 숫자를 적어 보세요.

번호	계명		분류
1	나 외에는 다른 신들을 네게 두지 말라	○	
	안식일을 기억하여 거룩하게 지키라	○	
	네 부모를 공경하라	○	
	하나님의 이름을 망령되게 부르지 말라	○	○ 하나님 사랑
	살인하지 말라	○	
	도둑질하지 말라	○	
	너를 위하여 우상을 만들지 말라	○	○ 이웃 사랑
	간음하지 말라	○	
	네 이웃에게 거짓증거 하지 말라	○	
	네 이웃의 것을 탐내지 말라	○	

encourage

학습 요점

1. 가장 큰 계명은 하나님 사랑과 이웃 사랑이에요.
2. 우리는 하나님과 이웃을 사랑해야 해요.

이번 주 미션

나는 어떤 방법으로 하나님과 이웃을 사랑하는지 하트 그림 안에 적어 보세요.

이번 주 실천 사항

성경 읽기	기도하기	말씀 암송	이번 주 미션

7단원 5과

최선을 다해 하나님을 사랑해요

읽을 말씀 신명기 6장 1~9절

외울 말씀 이스라엘아 들으라 우리 하나님 여호와는 오직 유일한 여호와이시니 너는 마음을 다하고 뜻을 다하고 힘을 다하여 네 하나님 여호와를 사랑하라(신명기 6장 4~5절).

원 포인트 마음과 뜻과 힘을 다해 하나님을 사랑해요.

welcome

어떻게 사랑할까요?

줄다리기할 때 어떤 마음으로 줄을 당기는지, 승리하기 위해서는 무엇이 필요한지 이야기해 보세요. 그리고 누군가를 사랑하기 위해 온 마음과 힘을 다하는 것은 어떤 것인지 이야기를 나눠 보세요.

adventure

하나님이 이스라엘 백성에게 하신 말씀을 기억하며, 빈칸을 채워 보세요.
(힌트: 신명기 6장 4~9절)

이스라엘아 들으라 우리 하나님 여호와는
오직 (　　　　　) 여호와이시니
너는 (　　　　)을 다하고 (　　　)을 다하고
힘을 다하여 네 하나님 여호와를 (　　　　　　　)
오늘 내가 네게 명하는 이 말씀을
너는 마음에 (　　　　　)
네 자녀에게 부지런히 (　　　　　　)
집에 앉았을 때에든지 길을 (　　　　)에든지
(　　　) 있을 때에든지 (　　　　　) 때에든지
이 말씀을 강론할 것이며
너는 또 그것을 네 손목에 매어 기호를 삼으며
네 미간에 붙여 표로 삼고
또 네 집 *문설주와 바깥 문에 기록할지니라

단어 설명

문설주(9절) 양쪽 문을 끼우기 위한 기둥을 의미해요.

value

내가 가장 사랑하는 것은?

내 마음을 돌아보며 마음 칸과 표에 내가 사랑하는 것들을 적어 보세요. 그리고 하나님과 비교할 때 무엇을 더 사랑하는지 <, >, =로 표시한 후, 하나님을 더 사랑한다면 마음 칸을 하나씩 색칠해 보세요.

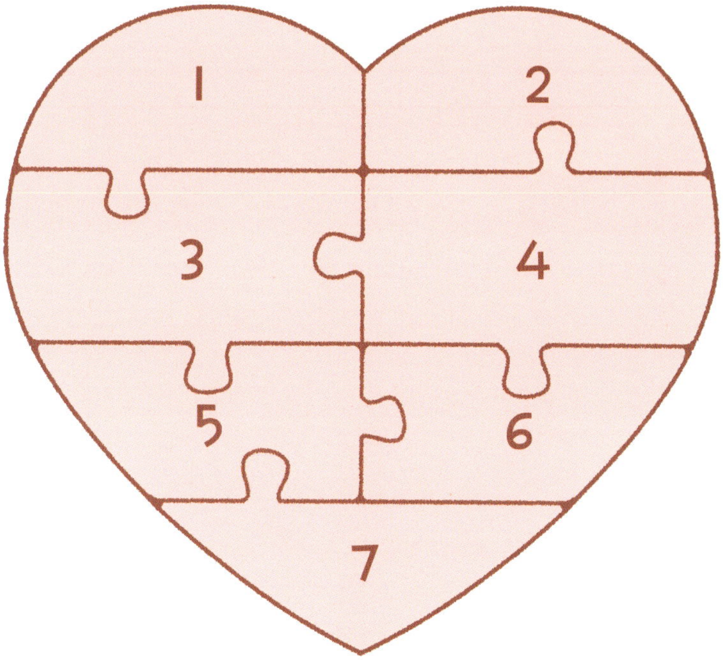

내가 사랑하는 것 vs 하나님		
1.		하나님
2.		하나님
3.		하나님
4.		하나님
5.		하나님
6.		하나님
7.		하나님

encourage

학습 요점

1. 마음과 뜻과 힘을 다해 하나님을 사랑해요.
2. 하나님을 사랑하면 말씀을 지켜 행해야 해요.

이번 주 미션

하나님이 주신 내 몸으로 어떻게 마음과 뜻과 힘을 다하여 하나님을 사랑하며 살아갈지 <보기>에서 골라 적고, 그렇게 살았다면 괄호 안에 ○ 표시를 해 보세요.

보기
예수님을 생각해요. | 교회에 빨리 가요. | 성경책을 봐요. | 헌금을 드려요. | 찬양을 불러요. | 말씀을 들어요.

이번 주 실천 사항

성경 읽기	기도하기	말씀 암송	이번 주 미션

하나님 나라의 시작 2

8단원

unit 8

1과 하나님을 인정하면 구원을 얻어요

2과 하나님의 방법이 승리의 방법이에요

3과 욕심은 죄를 낳아요

4과 하나님이 우리를 위해 싸우세요

8단원 1과

하나님을 인정하면 구원을 얻어요

읽을 말씀 여호수아 2장 15~24절

외울 말씀 이르시기를 너희는 가만히 있어 내가 하나님 됨을 알지어다 내가 뭇 나라 중에서 높임을 받으리라 내가 세계 중에서 높임을 받으리라 하시도다(시편 46장 10절).

원 포인트 하나님을 인정하는 사람은 구원을 얻어요.

welcome

어떻게 구해야 할까요?

다친 강아지를 발견하면 어떻게 해야 할지 이야기해 보세요.

adventure

설교 말씀을 기억하며 빈칸을 채워 성경 이야기를 완성해 보세요.

보기 라합 | 산 | 여리고 | *선대

□□□ 왕이 사람을 보내
정탐꾼들을 찾았어요.

하지만 □□은 목숨을 걸고
정탐꾼들을 숨겨 주었어요.

라합은 정탐꾼들에게 가족들을 □□해
줄 것을 부탁하고 정탐꾼들을 보내 주었어요.

라합의 말대로 □에서 사흘 동안 머문
정탐꾼들은 살아서 돌아갈 수 있었어요.

단어 설명

선대(12절) 친절하게 대하고 잘 대접하는 것을 말해요. 오늘 말씀에서는 하나님의 말씀에 순종하지 않은 사람들이 멸망할 때 라합의 가족들은 살려 준 것을 의미해요.

value

부록 143쪽

하나님을 인정하면 두렵지 않아요

하나님을 인정하여 두려움을 극복하고 정탐꾼들을 숨겨 준 라합을 생각하며, 우리도 두려움을 극복하려면 누구를 인정해야 하는지 이야기 나누고 활동을 해 보세요.

준비물

부록 공과 자료,
풀, 사인펜

활동 방법

1 내가 가장 두려울 때는 언제인지 교재 빈칸에 작성해요.

2 두려움을 극복하려면 누구를 인정해야 하는지 이야기해요.

3 부록 공과 자료를 뜯어요.

4 방패 위에 하나님을 인정하겠다는 다짐문을 작성해요.

5 손잡이를 방패 뒷면에 붙인 후, 방패를 완성해요.

6 완성된 방패를 보며, 하나님을 인정할 때 두려움을 극복할 수 있음을 고백해요.

encourage

학습 요점

1. 하나님을 인정하고 구원받아요.
2. 하나님을 인정하고 구원받은 사람은 두려워하지 않아요.

이번 주 미션

하나님을 인정하면 두렵지 않다는 사실을 기억하며, 모든 상황에서 하나님을 인정해야 해요. 다짐문 빈칸에 이름을 적고 내용을 따라 써 보세요. 그리고 특별히 어떤 상황에서 하나님을 인정할 것인지 적어 보세요.

다짐문
나 ____________은/는 구원받은 어린이로서 하나님을 인정할 거예요!

특별히 어떤 상황에서 하나님을 인정할 것인가요? ______________________

이번 주 실천 사항

성경 읽기	기도하기	말씀 암송	이번 주 미션

8단원 2과

하나님의 방법이 승리의 방법이에요

읽을 말씀 여호수아 6장 1~11절

외울 말씀 무릇 하나님께로부터 난 자마다 세상을 이기느니라 세상을 이기는 승리는 이것이니 우리의 믿음이니라(요한1서 5장 4절).

원 포인트 하나님의 방법이 승리하는 방법이에요.

welcome

어떻게 탈출할까요?

미로 안에 갇혔어요. 어떻게 해야 나갈 수 있을지 이야기해 보세요.

adventure

설교 말씀을 기억하며 가로세로 낱말 퀴즈를 풀어 보세요.

가로 문제

1 이스라엘이 정복해야 하는 성의 이름은 무엇인가요? (1절)

2 7일째는 7번을 돌고 어떤 소리에 맞춰 외쳐 부르라고 하셨나요? (5절)

5 7일째는 이스라엘 백성이 여리고 성을 몇 번 돌았나요? (숫자를 한글로) (4절)

7 제사장들은 무엇을 메고 성을 돌았나요? (6절)

세로 문제

1 하나님은 누구에게 여리고 성을 정복하는 방법을 말씀하셨나요? (2절)

3 팔목에 끼는 장식품은 무엇인가요?

4 이스라엘 백성은 6일 동안 여리고 성을 하루에 몇 번 돌았나요? (숫자를 한글로) (3절)

6 다른 사람과 앞으로 어떻게 할지 미리 정해 놓는 것을 뭐라고 하나요?

단어 설명

언약궤(6절) 하나님과 이스라엘 백성이 한 약속의 증거에요. 하나님이 이스라엘 백성에게 베푸신 은혜를 상징하는 '아론의 지팡이, 만나, 십계명 돌판'이 들어 있어요.

value

의심하지 말고 믿어요

내가 여리고 성을 정복해야 한다면 정복하기 위한 도구로 무엇을 선택할지 고르고, 왜 선택했는지 이야기해 보세요. 그리고 이스라엘 백성이 선택한 것에 표시하고, 다음 문장의 빈칸을 채워 보세요.

(   )

(   )

(   )

이스라엘 백성은 의심하지 않고 □□□의 방법을 믿었어요.

encourage

학습 요점

1. 하나님의 방법이 승리하는 방법이에요.
2. 하나님의 방법을 따르며 승리하는 삶을 살아요.

이번 주 미션

한 주 동안 어떻게 하나님의 방법과 말씀대로 살았는지 적어 보세요.

집에서	
학교에서	

이번 주 실천 사항

성경 읽기	기도하기	말씀 암송	이번 주 미션

8단원 3과

욕심은 죄를 낳아요

읽을 말씀 여호수아 7장 2~15절

외울 말씀 욕심이 잉태한즉 죄를 낳고 죄가 장성한즉 사망을 낳느니라(야고보서 1장 15절).

원 포인트 욕심이 커지면 죄를 짓게 돼요.

welcome

어떻게 해야 할까요?

놀이터에 돈이 떨어져 있어요. 어떻게 해야 할지 이야기해 보세요.

adventure

여호수아 7장 6~15절을 읽고 빈칸에 들어갈 말을 <보기>에서 찾아 넣으세요.

보기 범죄 | 사망 | 도둑질 | 멸하지 | 거대하게 | 거룩하게 | 온전히 | 완전히

6 여호수아가 *옷을 찢고 이스라엘 장로들과 함께 여호와의 궤 앞에서 땅에 엎드려 머리에 티끌을 뒤집어쓰고 저물도록 있다가

7 이르되 슬프도소이다 주 여호와여 어찌하여 이 백성을 인도하여 요단을 건너게 하시고 우리를 아모리 사람의 손에 넘겨 멸망시키려 하셨나이까 우리가 요단 저쪽을 만족하게 여겨 거주하였더면 좋을 뻔하였나이다

8 주여 이스라엘이 그의 원수들 앞에서 돌아섰으니 내가 무슨 말을 하오리이까

9 가나안 사람과 이 땅의 모든 사람들이 듣고 우리를 둘러싸고 우리 이름을 세상에서 끊으리니 주의 크신 이름을 위하여 어떻게 하시려 하나이까 하니

10 여호와께서 여호수아에게 이르시되 일어나라 어찌하여 이렇게 엎드렸느냐

11 이스라엘이 ☐☐ 하여 내가 그들에게 명령한 나의 언약을 어겼으며 또한 그들이 온전히 바친 물건을 가져가고 ☐☐☐ 하며 속이고 그것을 그들의 물건들 가운데에 두었느니라

12 그러므로 이스라엘 자손들이 그들의 원수 앞에 능히 맞서지 못하고 그 앞에서 돌아섰나니 이는 그들도 온전히 바친 것이 됨이라 그 온전히 바친 물건을 너희 중에서 ☐☐☐ 아니하면 내가 다시는 너희와 함께 있지 아니하리라

13 너는 일어나서 백성을 거룩하게 하여 이르기를 너희는 내일을 위하여 스스로 ☐☐☐☐ 하라 이스라엘의 하나님 여호와의 말씀에 이스라엘아 너희 가운데에 온전히 바친 물건이 있나니 너희가 그 온전히 바친 물건을 너희 가운데에서 제하기까지는 네 원수들 앞에 능히 맞서지 못하리라

14 너희는 아침에 너희의 지파대로 가까이 나아오라 여호와께 뽑히는 그 지파는 그 족속대로 가까이 나아올 것이요 여호와께 뽑히는 족속은 그 가족대로 가까이 나아올 것이요 여호와께 뽑히는 그 가족은 그 남자들이 가까이 나아올 것이며

15 ☐☐☐ 바친 물건을 가진 자로 뽑힌 자를 불사르되 그와 그의 모든 소유를 그리하라 이는 여호와의 언약을 어기고 이스라엘 가운데에서 망령된 일을 행하였음이라 하셨다 하라

단어 설명

옷을 찢고(6절) 큰 슬픔을 표현하기 위한 행동이에요.

value

욕심내지 않아요

욕심내지 않기로 결단하고 친구들과 사탕 나누기 게임을 해 보세요. 게임이 끝난 후 느낀 점을 나눠 보세요.

준비물

사탕,
사탕을 담을 주머니

활동 방법

1 친구들과 가위바위보를 하여 순서대로 일렬로 앉아요. (앉는 순서는 이긴 사람부터, 혹은 진 사람부터로 선생님이 정해 주세요.)

2 앞에 앉은 친구부터 원하는 만큼 사탕을 가져가요.

3 사탕이 부족해서 맨 뒤에 있는 친구까지 사탕을 가져가지 못하면 아무도 먹을 수 없고, 맨 뒤에 있는 친구까지 가져가면 모두 먹을 수 있어요.

4 주머니에 남은 사탕이 없는데 맨 뒤에 있는 친구까지 사탕을 나누지 못한 경우, 앞에서 많이 가져간 친구에게 다시 나눌 기회를 주도록 해요.

encourage

학습 요점

1. 욕심은 죄를 낳아요.
2. 욕심내지 않고 하나님의 말씀대로 살아요.

이번 주 미션

한 주 동안 욕심부렸던 것을 욕심 바구니에 적어 보고, 앞으로 욕심부리지 않고 살 방법을 변화 바구니에 적어 보세요. 그리고 실천한 것들은 변화 바구니에 체크해 보세요.

욕심 바구니

변화 바구니

이번 주 실천 사항

성경 읽기	기도하기	말씀 암송	이번 주 미션

8단원 4과

하나님이 우리를 위해 싸우세요

읽을 말씀 여호수아 10장 6~15절

외울 말씀 우리의 도움은 천지를 지으신 여호와의 이름에 있도다(시편 124편 8절).

원 포인트 전능하신 하나님이 우리를 위해 싸우세요.

welcome

가능할까요?

그림을 보고 우리가 밤하늘의 별을 마음대로 조종할 수 있을지 이야기해 보세요.

adventure

설교 말씀을 기억하며 다섯 가지 문제를 풀어 보세요.

1 여호수아에게 도움을 달라고 요청한 사람들은 어디 사람들인가요? (6절)

① 애굽 ② 기브온 ③ 호렙산 ④ 에덴동산

2 빈칸에 들어갈 말을 적어 보세요.

"여호와께서 여호수아에게 이르시되 그들을 ○○○하지 말라 내가 그들을 네 손에 넘겨 주었으니 그들 중에서 한 사람도 너를 당할 자 없으리라 하신지라." (8절).

____

3 빈칸에 들어갈 단어를 골라 보세요.

"여호와께서 하늘에서 큰 ○○ 덩이를 아세가에 이르기까지 내리시매 그들이 죽었으니." (11절)

① 구름 ② 바위 ③ 천둥 ④ *우박

4 이스라엘이 아모리 사람들과 싸울 때 태양과 달이 멈춰 있었다. (O / X)

5 이스라엘이 다른 족속들과 싸워서 승리한 것은 누가 계셔서 그런 것인가요?

→ 전능하신 ______________

단어 설명

우박(11절) 하늘에서 떨어지는 얼음 덩어리를 의미해요.

value

우리 하나님은 전능하세요

그림을 보며 어떤 일인지 이야기해 보고, 전능하신 하나님이 나에게 어떻게 일하셨는지 <보기> 에서 골라 빈칸에 적어 보세요.

보기 하나님 | 두려움 | 함께 | 양식

내가 가는 길마다 __________ 이
구름 기둥과 불 기둥처럼 함께하셨어요.

하나님은 나에게 일용할 __________ 을 주셔서
풍성하게 하셨어요.

하나님을 따르자 내 __________ 이
무너졌어요.

하나님은 늘 나와 __________ 하시며
내 곁에 머물러 계셨어요.

encourage

학습 요점

1. 전능하신 하나님을 알고 믿을 수 있어요.
2. 전능하신 하나님을 의지하며 승리하는 삶을 살아요.

이번 주 미션

내가 고민하는 것들을 적고, 한 주 동안 전능하신 하나님이 해결해 주신 것들을 색칠해 보세요.

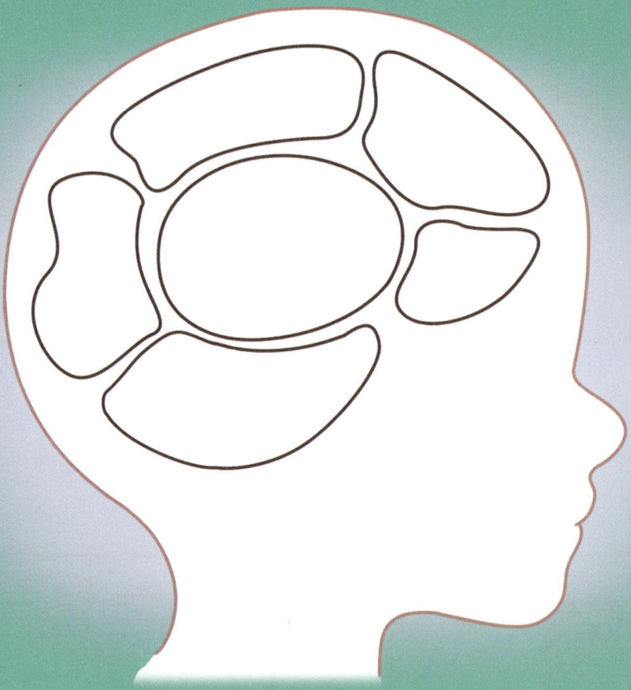

이번 주 실천 사항

성경 읽기	기도하기	말씀 암송	이번 주 미션

하나님 나라의 시작 2

9단원

unit 9

1과 하나님이 승리를 주세요

2과 믿음은 두려움을 이겨요

3과 하나님은 나의 도피성이에요

4과 말씀을 따라 살아요

9단원 1과

하나님이 승리를 주세요

읽을 말씀 여호수아 11장 16~23절

외울 말씀 강하고 담대하라 너는 내가 그들의 조상에게 맹세하여 그들에게 주리라 한 땅을 이 백성에게 차지하게 하리라(여호수아 1장 6절).

원 포인트 하나님이 우리에게 승리를 주세요.

welcome

누가 승리할까요?

그림을 보고 누가 경주에서 승리할지 이야기해 보세요.

adventure

설교 말씀을 기억하며 빈칸을 채워 성경 이야기를 완성해 보세요.

보기 하나님 | 아낙 | 분배 | 여호수아

□□□□는
온 땅의 산지와 평지를 *점령했어요.

여호수아는 □□□의 도우심으로
큰 족속들을 정복했어요.

특별히, 출애굽 세대가 두려워했던
□□ 사람들은 하나도 남지 않았어요.

정복한 땅을 각 지파에 □□한 후
전쟁이 그쳤어요.

단어 설명

점령(16절) 땅을 차지하여 갖는 것을 의미해요.

value

부록 144쪽

승리를 주시는 하나님

말씀하신 것을 이루시고 승리를 주시는 하나님을 기억하며, 승리 목걸이를 만들어 보세요. 그리고 승리의 하나님을 믿으며 승리의 삶을 살기로 다짐해 보세요.

준비물

부록 공과 자료,
끈 또는 두꺼운 실,
색연필

활동 방법

1 하나님이 이스라엘 백성에게 어떤 승리를 주셨는지 이야기해요.

2 부록 공과 자료를 뜯어요.

3 승리의 하나님을 믿는다는 고백을 하며 브이를 색칠해요.

4 구멍에 끈을 넣어 목걸이를 만들어요.

5 목걸이를 목에 걸며 승리하는 삶을 살기로 결단해요.

encourage

학습 요점

1. 승리를 주시는 하나님을 믿어요.
2. 하나님과 함께하며 승리하는 삶을 살아요.

이번 주 미션

하나님이 승리를 주신 순간을 생각하며, 함께하시는 하나님께 감사한 마음을 담아 편지를 써 보세요.

함께하시는 하나님께

______ 올림

이번 주 실천 사항

성경 읽기	기도하기	말씀 암송	이번 주 미션

9단원 2과

믿음은 두려움을 이겨요

읽을 말씀 여호수아 14장 1~12절

외울 말씀 그 날에 여호와께서 말씀하신 이 산지를 지금 내게 주소서 당신도 그 날에 들으셨거니와 그 곳에는 아낙 사람이 있고 그 성읍들은 크고 견고할지라도 여호와께서 나와 함께 하시면 내가 여호와께서 말씀하신 대로 그들을 쫓아내리이다 하니(여호수아 14장 12절).

원 포인트 하나님을 믿는 믿음이 두려움을 이기게 해요.

welcome

중심 잡기

그림을 보고 어떻게 하면 한쪽으로 기울어지지 않고 중심을 잡을 수 있을지 이야기해 보세요.

adventure

설교 말씀을 기억하며 가로세로 낱말 퀴즈를 풀어 보세요.

가로 문제

1 그니스 사람 여분네의 아들은 누구인가요? (6절)

2 갈렙은 여호수아에게 "여호와께서 말씀하신 이 OO를 지금 내게 주소서"라고 말했어요. (12절)

5 목이 마를 때 마실 수 있는 것을 이르는 말은 무엇인가요? (힌트: ㅇㄹㅅ)

7 앞으로 해야 할 일에 대해 마음의 준비를 하는 것을 이르는 말은 무엇인가요? (힌트: ㄱㅇ)

세로 문제

1 성경에서 바울이 갈라디아 지역의 교회들에 보낸 *서신이 담긴 책은 무엇인가요? (힌트: 고린도후서 다음 책)

3 물고기의 등 · 배 · 꼬리에 붙어 있고 헤엄칠 때 사용하는 부분을 무엇인가요? (힌트: ㅈㄴㄹㅁ)

4 갈렙은 그 땅을 차지할 수 있다는 확고한 OO이 있었어요. (힌트: ㅁㅇ)

6 갈렙이 땅을 분배받을 때의 나이는 몇 세인가요? (숫자를 한글로) (10절)

단어 설명

서신 안부를 묻거나 소식을 전하기 위한 글을 의미해요.

value

흔들리지 않는 믿음을 가져요

강한 바람에 흔들리는 나무는 우리 마음과 비슷해요. 강한 바람에 흔들리는 나무가 의미하는 우리의 상황과 그때 우리에게 필요한 것을 <보기>에서 골라 적어 보세요.

보기 갈렙이 가진 믿음 | 의심하는 마음 | 하나님께 불순종하는 모습

우리의 상황

우리에게 필요한 것

encourage

학습 요점

1. 전능하신 하나님을 알고 믿을 수 있어요.
2. 전능하신 하나님을 의지하며 승리하는 삶을 살아요.

이번 주 미션

한 주 동안 두려운 순간이 언제였는지 적고, 하나님이 함께하신다는 믿음으로 두려움을 극복했는지 표시해 보세요.

두려운 순간	믿음으로 극복!
	○ ☐ X ☐
	○ ☐ X ☐
	○ ☐ X ☐

이번 주 실천 사항

성경 읽기	기도하기	말씀 암송	이번 주 미션

9단원 3과

하나님은 나의 도피성이에요

읽을 말씀 여호수아 20장 1~9절

외울 말씀 여호와는 나의 반석이시요 나의 요새시요 나를 건지시는 이시요 나의 하나님이시요 내가 그 안에 피할 나의 바위시요 나의 방패시요 나의 구원의 뿔이시요 나의 산성이시로다(시편 18편 2절).

원 포인트 하나님은 우리의 도피성이 되세요.

welcome

나를 지켜 줘!

나를 지켜 주고 보호해 주는 것은 무엇인가요? 나를 보호해 주는 물건이나 사람 등을 적고, 어떤 상황에서 어떻게 보호해 주는지도 적어 보세요.

- 나를 보호해 주는 것 : ____________________
- 언제? : ____________________
- 어떻게? : ____________________

adventure

여호수아 20장 1~9절을 읽고 빈칸에 들어갈 말을 <보기>에서 찾아 넣으세요.

보기 도피성 | 일부러 | 실수로 | 거류민 | 대제사장 | 집 | 구원되지 | 죽지

1 여호와께서 여호수아에게 말씀하여 이르시되

2 이스라엘 자손에게 말하여 이르기를 내가 모세를 통하여 너희에게 말한 ☐☐☐ 들을 너희를 위해 정하여

3 *부지중에 ☐☐☐ 사람을 죽인 자를 그리로 도망하게 하라 이는 너희를 위해 피의 *보복자를 피할 곳이니라

4 이 성읍들 중의 하나에 도피하는 자는 그 성읍에 들어가는 문 어귀에 서서 그 성읍의 장로들의 귀에 자기의 사건을 말할 것이요 그들은 그를 성읍에 받아들여 한 곳을 주어 자기들 중에 거주하게 하고

5 피의 *보복자가 그의 뒤를 따라온다 할지라도 그들은 그 살인자를 그의 손에 내주지 말지니 이는 본래 미워함이 없이 부지중에 그의 이웃을 죽였음이라

6 그 살인자는 회중 앞에 서서 재판을 받기까지 또는 그 당시 ☐☐☐☐ 이 죽기까지 그 성읍에 거주하다가 그 후에 그 살인자는 그 성읍 곧 자기가 도망하여 나온 자기 성읍 자기 ☐ 으로 돌아갈지니라 하라 하시니라

7 이에 그들이 납달리의 산지 갈릴리 게데스와 에브라임 산지의 세겜과 유다 산지의 기럇 아르바 곧 헤브론과

8 여리고 동쪽 요단 저쪽 르우벤 지파 중에서 평지 광야의 베셀과 갓 지파 중에서 길르앗 라못과 므낫세 지파 중에서 바산 골란을 구별하였으니

9 이는 곧 이스라엘 모든 자손과 그들 중에 거류하는 거류민을 위하여 선정된 성읍들로서 누구든지 부지중에 살인한 자가 그리로 도망하여 그가 회중 앞에 설 때까지 피의 *보복자의 손에 ☐☐ 아니하게 하기 위함이라

단어 설명

부지(3절) 생각하고 일부러 한 행동이 아닌 것을 말해요. 여기서는 죽일 생각이 없었던 것을 뜻해요.

보복자(3, 5, 9절) 다른 사람이 피해를 준 만큼 똑같이 갚아 주는 사람을 말해요. 특히 본문의 '피의 보복자'는 똑같이 살인으로 복수하려는 사람이에요.

value

부록 145쪽

하나님은 나의 도피성

심수를 저지른 사람이 도피성으로 안전하게 도망갔을 때 마음이 어떨지 생각하며 도피성을 만들어 보세요.

준비물

부록 공과 자료,
풀 또는 테이프

활동 방법

1 부록 공과 자료를 모두 뜯어요.

2 성벽에 도피성 팻말을 붙여 주세요.

3 성 모양이 되도록 풀을 붙여 동그랗게 만들어요.

4 남학생은 남자아이를, 여학생은 여자아이를 도피성 안쪽에 붙여요.

5 완성된 도피성을 보며 보호해 주시는 하나님께 감사드려요.

encourage

학습 요점

1. 하나님이 실수한 사람을 보호하시기 위해 도피성을 만드셨어요.
2. 도피성처럼 나를 보호해 주시는 하나님께 감사해요.

이번 주 미션

생명을 보호해 주는 도피성처럼 예수님이 우리에게 새 생명을 주셨어요. 도피성이 되신 예수님께 감사하는 마음을 삼행시로 표현해 보세요.

도	**도**피성을 통해 실수한 사람을 보호해 주신 것처럼
피	**피**를 흘리신 예수님이 저에게 새 생명을 주셨어요.
성	**성**경을 읽으며 감사한 마음을 전할래요!

이번 주 실천 사항

성경 읽기	기도하기	말씀 암송	이번 주 미션

9단원 4과

말씀을 따라 살아요

읽을 말씀 여호수아 23장 1~16절

외울 말씀 좌로나 우로나 치우치지 말고 네 발을 악에서 떠나게 하라(잠언 4장 27절).

원 포인트 하나님의 말씀을 따라 살아야 해요.

welcome

선을 따라 완성해요

집의 반쪽이 없어요. 왼쪽 그림을 잘 보고, 오른쪽을 그려 집을 완성해 보세요.

adventure

설교 말씀을 기억하며 다섯 가지 문제를 풀어 보세요.

1 여호수아가 부르지 않은 사람은 누구인가요? (2절)

① 온 이스라엘 ② 장로와 *수령 ③ 재판장과 관리 ④ 외국인

2 빈칸에 들어갈 알맞은 단어를 적어 보세요.

"너희는 크게 힘써 모세의 ____________ 에 기록된 것을 다 지켜 행하라." (6절)

3 여호수아는 이스라엘 백성에게 누구와 가까이하라고 했나요? <보기>에서 정답을 찾아 ○ 표시해 보세요. (8절)

보기 남아 있는 민족들 | 하나님 여호와 | 강대한 나라들

4 여호수아는 하나님의 말씀을 다 지켜 행하라고 했어요. 다음 표에서 말씀과 같은 의미인 단어 2개를 찾아 보세요. (6, 16절)

율	법	전
무	언	니
차	덕	약

5 여호수아는 이스라엘 백성이 말씀을 어겨도 영원히 아름답게 살 거라고 말했어요. (16절)

(O / X)

단어 설명

수령(2절) 권위를 가지고 명령할 수 있는 높은 지위의 사람을 의미해요.

value

말씀 다리를 건너요

돌에 여러 가지 글이 적혀 있어요. 그중에서 하나님의 말씀을 찾아 색칠한 후, 색칠한 돌을 선으로 이어서 강을 건너 보세요.

encourage

학습 요점

1. 하나님의 백성은 하나님 말씀을 그대로 따라야 해요.
2. 하나님의 말씀을 따라 실천해요.

이번 주 미션

Value에서 색칠한 돌 중 내가 한 주 동안 따를 말씀을 하나 정해 보세요. 그 말씀을 어떻게 따를지 자세히 적은 후, 실천할 때마다 성경책 그림을 하나씩 색칠해 보세요.

따를 말씀	
실천 방법	

이번 주 실천 사항

성경 읽기	기도하기	말씀 암송	이번 주 미션

하나님 나라의 시작 2

10단원

unit 10

10단원 1과

예수님은 나의 구원자예요

읽을 말씀 마태복음 1장 18~25절

외울 말씀 아들을 낳으리니 이름을 예수라 하라 이는 그가 자기 백성을 그들의 죄에서 구원할 자이심이라 하니라(마태복음 1장 21절).

원 포인트 예수님은 나를 구원하신 분이에요.

welcome

이 사람의 역할은?

그림 속 사람들의 역할이 무엇일지 친구들과 함께 이야기해 보세요.

adventure

설교 말씀을 기억하며 빈칸을 채워 성경 이야기를 완성해 보세요.

보기 천사 | 예수 | 마리아 | 구원

□□□는 결혼하기 전에
*성령으로 임신했어요.

□□가 요셉의 꿈에 나타나서 마리아가
낳을 아들의 이름을 예수라고 지으라고 했어요.

그 이름의 뜻은 '자기 백성을 죄에서
□□할 자'예요.

아들이 태어나자 요셉과 마리아는
아들의 이름을 □□라고 지었어요.

단어 설명

성령(20절) 우리와 함께하시며 우리 안에 계시는 하나님의 영을 의미해요.

value

부록 146쪽

예수님은 나의 구원자

예수님이 나의 구원자라는 것을 기억하며 '고백 기도손'을 완성해 보세요. 그리고 한 사람씩 돌아가면서 "예수님은 나의 구원자"라고 고백해 보세요.

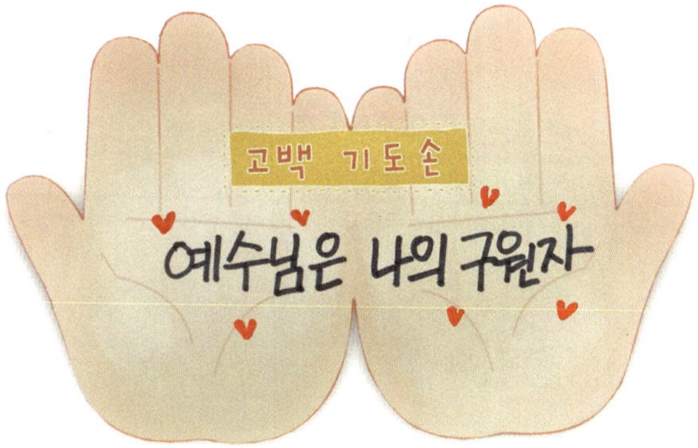

준비물

부록 공과 자료,
풀 또는 테이프,
사인펜

활동 방법

1 부록 공과 자료를 모두 뜯어요.

2 '예수님은 나의 구원자'라는 고백을 손바닥에 써요.

3 기도손을 꾸며요.

4 풀이나 테이프로 손 뒷부분에 손잡이를 붙여요.

5 '고백 기도손'을 완성하면 손잡이에 손을 넣고, 한 사람씩 돌아가면서 손바닥에 적은 고백을 외쳐요.

6 고백이 모두 끝나면 두 손을 모아 '고백 기도손'을 접고 다 함께 "아멘!"을 외쳐요.

encourage

학습 요점

1. 예수님은 나의 구원자예요.
2. 예수님이 나의 구원자이심을 매일 기도로 고백해요.

이번 주 미션

예수님이 나의 구원자이심을 고백하는 기도문을 말풍선 안에 적어 보세요. 그리고 매일 기도문을 소리 내어 읽어 보세요.

이번 주 실천 사항

성경 읽기	기도하기	말씀 암송	이번 주 미션

10단원 2과

말씀으로 승리해요

읽을 말씀 마태복음 4장 1~11절

외울 말씀 주의 말씀은 내 발에 등이요 내 길에 빛이니이다(시편 119편 105절).

원 포인트 죄의 유혹을 말씀으로 승리해요.

welcome

어떻게 물리칠까요?

여러 가지 문제가 우리를 공격해요. 어떻게 하면 공격을 물리치고 이길 수 있을지 이야기해 보세요.

adventure

설교 말씀을 기억하며 가로세로 낱말 퀴즈를 풀어 보세요.

				1	2
			3		
4	5				
				7	
				6	

가로 문제

1 누가 *광야에서 예수님을 시험했나요? (1절)

3 마귀의 첫 번째 시험은 돌을 ○○○가 되게 하라는 것이었어요. (3절)

4 마귀는 세 번째 시험에서 ○○ ○○을 보여 주며 자신에게 *경배하라고 했어요. (8절)

6 마귀는 두 번째 시험에서 예수님이 성전에서 뛰어내리면 ○○가 받들 것이라고 했어요. (6절)

세로 문제

2 귀에 거는 장식품은 무엇인가요?

3 새해에 먹는 음식으로, 떡이 들어간 흰색 국은 무엇인가요?

5 예수님은 세 번째 시험에서 마귀에게 ○○○께만 *경배하라고 대답하셨어요. (10절)

7 예수님이 시험에서 이기신 후 누가 예수님을 *수종 들었나요? (11절)

단어 설명

광야(1절) 텅 빈 넓은 들판을 말해요.

경배(9~10절) 대상을 공경하여 공손히 절하는 것으로, 하나님을 높일 때 사용해요.

수종(11절) 따라다니며 옆에서 심부름하는 것을 말해요. 오늘 말씀에서 천사들이 예수님을 수종 든 것처럼, 천사들은 예수님을 섬겨요.

value

말씀으로 승리

친구들이 죄의 유혹으로 흔들리고 있어요. 모두 말씀으로 승리할 수 있도록 <보기>에서 알맞은 말씀을 찾은 후, 밑줄에 적어 주세요.

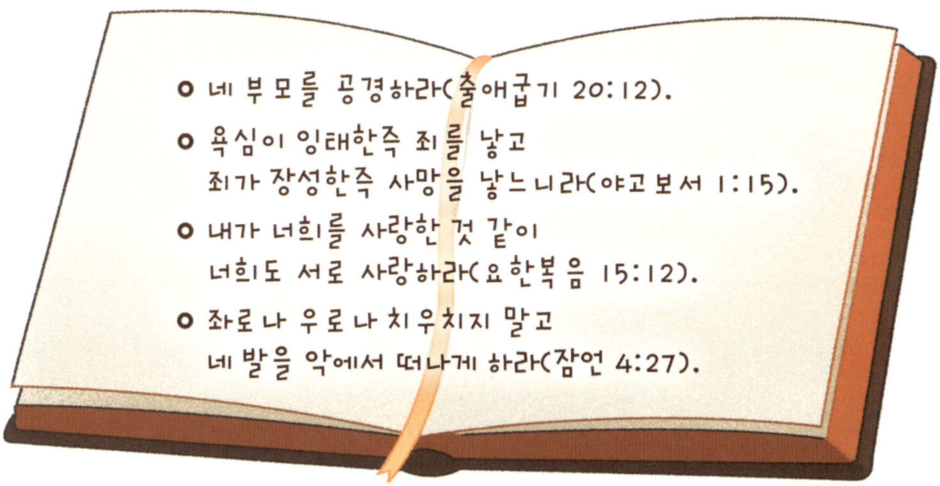

encourage

학습 요점

1. 예수님은 마귀의 시험을 말씀으로 물리치셨어요.
2. 죄의 유혹이 찾아올 때 말씀으로 승리해요.

이번 주 미션

한 주 동안 죄의 유혹을 말씀으로 물리치는 삶을 살아요. 사탄의 말풍선에는 내게 찾아온 죄의 유혹을 적고, 내 말풍선에는 어떤 말씀으로 승리했는지 적어 보세요.

이번 주 실천 사항

성경 읽기	기도하기	말씀 암송	이번 주 미션

10단원 3과

복 있는 사람은 다르게 살아요

읽을 말씀 마태복음 5장 1~12절

외울 말씀 심령이 가난한 자는 복이 있나니 천국이 그들의 것임이요(마태복음 5장 3절).

원 포인트 복 있는 사람은 세상 사람들과 다르게 살아요.

welcome

무엇이 다를까요?

다른 사람과 다른 나만의 특별한 점이 있나요? 얼굴, 생김새, 성격, 버릇, 재주 등 다른 사람과 다른 점이 무엇인지 적고 이야기해 보세요.

나만의 특별한 점은 무엇일까요? 다른 사람과 무엇이 다를까요?

adventure

마태복음 5장 3~10절을 읽고 빈칸에 들어갈 말을 <보기>에서 찾아 넣으세요.

보기 악 | 복 | 긍휼 | 당연 | 청결 | 매정 | *박해 | 화평

3 *심령이 가난한 자는 □이 있나니 천국이 그들의 것임이요

4 *애통하는 자는 복이 있나니 그들이 위로를 받을 것임이요

5 온유한 자는 복이 있나니 그들이 땅을 기업으로 받을 것임이요

6 의에 주리고 목마른 자는 복이 있나니 그들이 배부를 것임이요

7 □□히 여기는 자는 복이 있나니 그들이 긍휼히 여김을 받을 것임이요

8 마음이 □□한 자는 복이 있나니 그들이 하나님을 볼 것임이요

9 □□하게 하는 자는 복이 있나니 그들이 하나님의 아들이라 일컬음을 받을 것임이요

10 의를 위하여 □□를 받은 자는 복이 있나니 천국이 그들의 것임이라

단어 설명

심령(3절) 영혼, 마음을 말해요.

애통(4절) 슬퍼서 울고 가슴 아파하는 것을 말해요.

박해(10절) 다른 사람을 못살게 굴고 피해를 주는 것을 말해요. 특히 예수님 믿는 사람에게 예수님을 믿지 말라고 때리고 괴롭히는 걸 의미하는 말로 많이 쓰여요.

부록 147쪽

value

굴려라! 나는 다르게 산다

복 있는 사람답게 세상 사람들과 다르게 살기를 다짐해요. 그리고 다짐한 것을 실천해 보세요.

준비물

부록 공과 자료,
풀, 색연필,
필기도구

활동 방법

1 부록 공과 자료를 뜯어요.
2 '긍휼', '청결', '화평', '의' 글자를 색칠해요.
3 밑줄에 세상 사람들과 다르게 사는 모습을 한 가지씩 적어요.
4 점선을 따라 접은 후, 주사위가 되도록 풀로 붙여요.
5 완성된 주사위를 굴리고, 나온 미션을 실천해요.

encourage

학습 요점

1. 세상 사람들과 다르게 살면 복이 있어요.
2. 복 있는 사람답게 세상 사람들과 다르게 행동해요.

이번 주 미션

다음 교실 그림에서 복 있는 사람답게 행동하는 친구는 누구인지 찾아서 ○ 표시해 보세요. 그리고 세상 사람들과 어떻게 다르게 행동했는지 자세히 적어 보세요. 나도 이 친구들처럼 복 있는 사람답게 다르게 행동해요.

1 ______

2 ______

3 ______

4 ______

이번 주 실천 사항

성경 읽기	기도하기	말씀 암송	이번 주 미션

10단원 4과

예수님은 우리를 제자로 부르세요

읽을 말씀 누가복음 5장 1~11절

외울 말씀 예수께서 이르시되 나를 따라오라 내가 너희로 사람을 낚는 어부가 되게 하리라 하시니(마가복음 1장 17절).

원 포인트 예수님은 우리를 찾아오셔서 제자로 부르세요.

welcome

왜 불렀어요?

누가 나를 가장 많이 부르나요? 나를 부른 후 어떤 말을 가장 자주 하는지 말풍선에 적어 보세요.

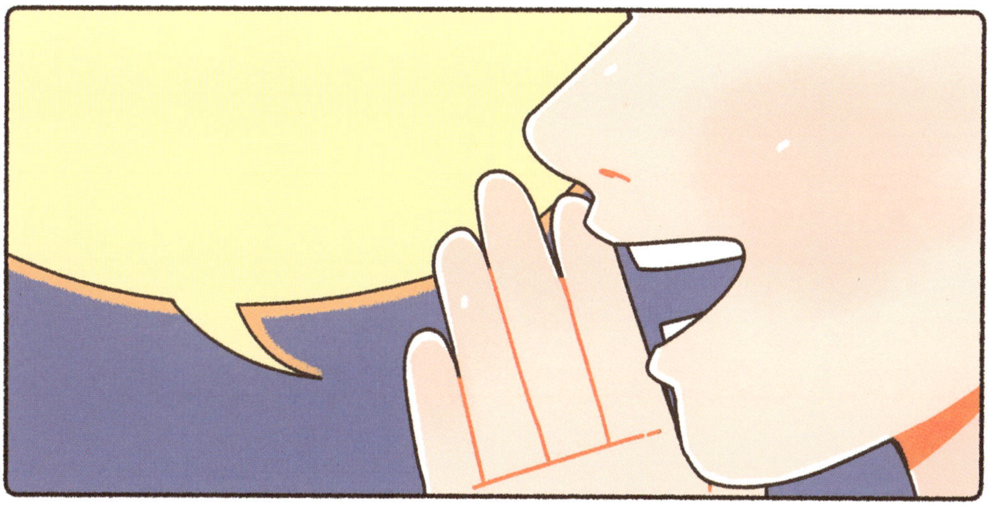

adventure

설교 말씀을 기억하며 다섯 가지 문제를 풀어 보세요.

1 예수님이 게네사렛 호숫가에 서서 본 사람들은 어떤 직업을 가지고 있었나요? (2절)
① 수영선수　② 청소부　③ 어부　④ 해녀

2 다음 상황을 읽고 일어난 순서대로 번호를 적어 보세요.
① 예수님은 베드로에게 깊은 데로 가서 그물을 내리라고 하셨어요.
② 베드로는 밤새 물고기를 한 마리도 잡지 못했어요.
③ 베드로가 그물이 찢어질 만큼 물고기를 많이 잡았어요.

______ → ______ → ______

3 빈칸에 들어갈 알맞은 단어를 적어 보세요.
베드로는 예수님께 "잡은 것이 없지마는 (　　　)에 의지하여 내가 그물을 내리리이다"라고 말했어요. (5절)

____

4 예수님은 베드로에게 앞으로는 무엇을 낚게 될 것이라고 하셨나요? <보기>에서 정답을 찾아 ○ 표시해 보세요. (10절)

보기	고래	빈 그물	사람

5 베드로, 야고보, 요한은 모든 것을 버려두고 예수님을 따라갔어요. (11절) (O / X)

value

모두 버리고 따라가요

예수님이 베드로, 야고보, 요한을 제자로 부르실 때, 그들은 모두 것을 버리고 예수님을 따랐어요. 그때 세 사람의 마음속 순위는 어땠을지 생각해 보세요. 그리고 지금 내 마음을 차지하는 것은 무엇인지 순위에 따라 그림을 그려 보세요.

encourage

학습 요점

1. 예수님은 우리를 제자로 부르세요.
2. 마음에 예수님을 1등으로 삼고 부르심에 따라가요.

이번 주 미션

Value에 적은 내용 중 예수님이 아닌 것이 있다면, 어떻게 버려야 할지 적어 보세요. 그리고 다짐대로 실천했으면 ○, 실천하지 못했으면 X 표시해 보세요.

버릴 것	어떻게 버릴까?	실천 (O / X)
예 스마트폰	게임은 30분만 하기, 영상은 30분만 보기	○

이번 주 실천 사항

성경 읽기	기도하기	말씀 암송	이번 주 미션

10단원 5과

하나님의 사랑을 닮아요

읽을 말씀 누가복음 6장 27~38절

외울 말씀 너희 아버지의 자비로우심 같이 너희도 자비로운 자가 되라(누가복음 6장 36절).

원 포인트 하나님의 사랑과 자비를 닮아야 해요.

welcome

닮고 싶어

닮고 싶은 어른이 있나요? 그 사람이 누구인지, 어떤 모습을 닮고 싶은지 이야기해 보세요.

adventure

설교 말씀을 기억하며, 하나님이 말씀하신 각 사람에 대한 행동과 알맞게 선을 이어 보세요.

원수 •	• 선대하라
미워하는 자 •	• 축복하라
저주하는 자 •	• 사랑하라
*모욕하는 자 •	• 주라
구하는 자 •	• 기도하라
가져가는 자 •	• 다시 달라고 하지 마라

단어 설명

모욕(28절) 다른 사람이 나보다 못났다고 생각하며 무시하거나 욕하는 것을 말해요.

value

사랑을 베풀어요

거울 안에 내가 사랑과 *자비를 베풀어야 할 친구의 모습을 그려 보세요. 그 친구가 나를 속상하게 한 일은 무엇인지 적고, 어떻게 사랑을 보여 줄 것인지 적어 보세요.

친구가 이럴 때 속상해요.	→	하지만 이렇게 사랑을 베풀 거예요.

단어 설명

자비(36절) 다른 사람을 깊이 사랑해서 베풀고 도와주는 모든 것을 말해요.

encourage

학습 요점

1. 예수님이 하나님의 자비를 닮으라고 하셨어요.
2. 자비로우신 하나님을 닮아 사랑을 베풀어요.

이번 주 미션

누가복음 6장 36절 말씀을 따라 쓴 뒤, value의 다짐을 실천할 때마다 성경책 안에 ♡를 그려 보세요.

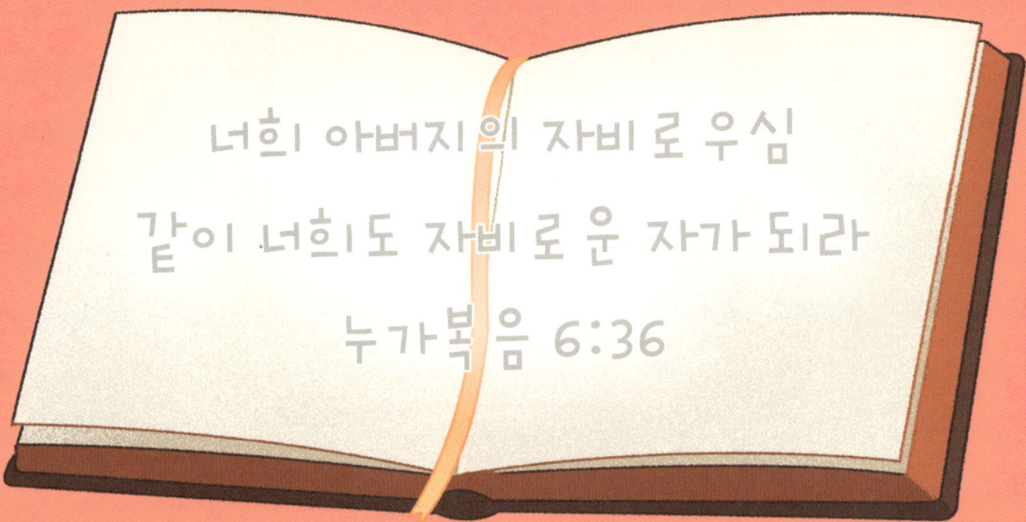

이번 주 실천 사항

성경 읽기	기도하기	말씀 암송	이번 주 미션

하나님 나라의 시작 2

11단원

unit 11

1과 말씀을 듣고 지켜요

2과 믿음으로 구원받아요

3과 이웃을 나 자신처럼 사랑해요

4과 하나님 나라를 위해 기도해요

11단원 1과

말씀을 듣고 지켜요

읽을 말씀 누가복음 8장 1~15절

외울 말씀 좋은 땅에 있다는 것은 착하고 좋은 마음으로 말씀을 듣고 지키어 인내로 결실하는 자니라(누가복음 8장 15절).

원 포인트 하나님의 말씀을 듣고 지켜야 해요.

welcome

무럭무럭 자라라

씨앗이 무럭무럭 자라 열매를 맺으려면 무엇이 필요한지 친구들과 함께 이야기해 보세요.

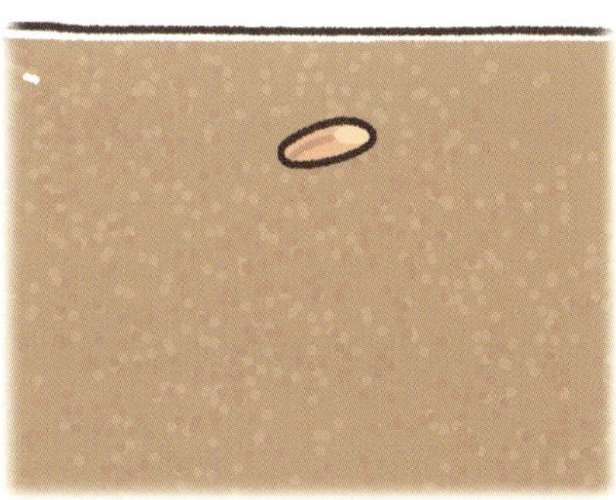

adventure

설교 말씀을 기억하며 빈칸을 채워 성경 이야기를 완성해 보세요.

보기 길 | 가시밭 | 열매 | 씨

예수님이 땅에 뿌려진
□ *비유를 말씀하셨어요.

□에 떨어진 씨는 새가 먹고,
바위에 떨어진 씨는 말라 죽었어요.

□□□에 떨어진 씨는
가시에 막혀 자라지 못했어요.

좋은 땅에 떨어진 씨는
100배의 □□를 맺었어요.

단어 설명

비유(4, 9~11절) 직접 설명하지 않고 다른 것을 사용해서 설명하는 것을 말해요. 예를 들면 목소리가 예쁜 사람에게 "네 목소리는 꾀꼬리 같아"라고 말하는 거예요.

value

너는 어떤 밭이니?

다음 그림의 친구들은 같은 하나님의 말씀을 들었지만, 행동은 다 달라요. 각자 어떤 마음 밭을 가졌을까요? <보기>의 설명을 읽고, 알맞은 밭을 마음에 그려 주세요.

보기

길 가 : 말씀을 들었지만, 하나님을 믿지 않아요.

돌밭 : 말씀을 기뻐하며 들었지만, 잠깐 믿다가 어려운 일을 당할 때 넘어져요.

가시밭 : 말씀을 들었어도 걱정이 많고 하나님보다 돈과 놀이를 좋아해요.

좋은 땅 : 착하고 좋은 마음으로 말씀을 듣고 지켜요.

encourage

학습 요점

1. 좋은 땅에 떨어진 씨는 열매를 많이 맺어요.
2. 좋은 땅처럼 열매를 많이 맺도록 말씀을 듣고 지켜야 해요.

이번 주 미션

말씀을 실천할 방법을 씨앗 안에 적고, 실천할 때마다 열매를 색칠해 보세요.

예 매일 외울 말씀을 암송해요. | 부모님 말씀을 잘 들어요. | 동생과 싸우지 않아요.

이번 주 실천 사항

성경 읽기	기도하기	말씀 암송	이번 주 미션

11단원 2과

믿음으로 구원받아요

읽을 말씀 누가복음 8장 49~56절

외울 말씀 예수께서 들으시고 이르시되 두려워하지 말고 믿기만 하라 그리하면 딸이 구원을 얻으리라 하시고(누가복음 8장 50절).

원 포인트 하나님을 믿기만 하면 구원을 얻어요.

welcome

어떻게 받을까요?

다음 물건들은 언제, 어떻게 하면 받는 것인지 친구들과 함께 이야기해 보세요.

adventure

설교 말씀을 기억하며 가로세로 낱말 퀴즈를 풀어 보세요.

1			2		
			3	4	
5		6			
					8
		7			
9					

가로 문제

1 예수님이 *회당장의 집에 도착하기 전에 *회당장의 ○이 죽었어요. (49절)

3 굽거나 찌면 노란색이 되고 단맛이 나는 채소는 무엇일까요?

5 예수님은 죽은 아이에게 "○○○ 일어나라"라고 하셨어요. (54절)

7 위험이나 어려운 일을 당하지 않도록 잘 보살피고 돌보는 것을 말해요. 지구를 '○○하다', 경찰이 어린이를 '○○하다.'

9 예수님이 죽은 아이를 부르실 때 아이의 어느 부분을 잡으셨나요? (54절)

세로 문제

2 예수님은 *회당장과 아내에게 이 일을 아무에게도 말하지 말라고 ○○하셨어요. (56절)

4 예수님은 *회당장에게 두려워하지 말고 믿으면 딸이 ○○을 얻는다고 하셨어요. (50절)

6 *회당장 집에 들어간 예수님의 제자는 베드로, 요한, 그리고 ○○○예요. (51절)

8 모든 사람이 죽은 아이를 위해 울 때 예수님은 "죽은 것이 아니라 ○○"라고 하셨어요. (52절)

단어 설명

회당장(49절) 회당은 유대인들이 예배하며 기도하고, 구약성경에 대해 가르치고 설교했던 장소예요. 회당장은 회당을 관리하는 제일 높은 사람으로, 예배를 인도하거나 율법을 직접 가르치기도 했어요. 그래서 유대인들에게 존경받는 지도자였어요.

믿음 고백

예수님은 믿기만 하면 구원을 얻는다고 하셨어요. 다음 설명대로 게임을 하며 나의 믿음을 고백해요.

활동 방법

1. 친구들과 원 모양으로 모여 앉아요.
2. 순서를 정한 후, "믿음 고백 시~작!"이라고 외쳐요.
3. 두 손을 높이 들고 나는 어떤 하나님을 믿는지 리듬에 맞춰 고백해요.
4. 고백이 끝나면 모두 박수를 두 번 치며 "아멘"이라고 외쳐요.
5. 순서대로 돌아가며 반복해요.
6. 3초 안에 고백하지 못하면, 일어나 점프하며 "믿음으로 구원받아요"라고 외쳐요. 다른 친구들은 박수를 두 번 치며 "아멘"이라고 외쳐요.

창조주 하나님을 믿어요. 👏👏 살리시는 예수님을 믿어요. 👏👏

encourage

학습 요점

1. 하나님을 믿으면 구원받아요.
2. 구원의 하나님을 향한 나의 믿음을 고백해요.

이번 주 미션

미로를 탈출하려면 어떻게 해야 구원받는지를 알아야 해요. 미로를 탈출한 후, 그 길에 있던 동그라미 속 글자들을 차례대로 아래 칸에 적고, 완성된 내용을 매일 고백해 보세요.

"나는 예수님을 믿어요."

이번 주 실천 사항

성경 읽기	기도하기	말씀 암송	이번 주 미션

11단원 3과

이웃을 나 자신처럼 사랑해요

읽을 말씀 누가복음 10장 25~37절

외울 말씀 대답하여 이르되 네 마음을 다하며 목숨을 다하며 힘을 다하며 뜻을 다하여 주 너의 하나님을 사랑하고 또한 네 이웃을 네 자신 같이 사랑하라 하였나이다(누가복음 10장 27절).

원 포인트 이웃을 나 자신처럼 사랑해야 해요.

welcome

나를 사랑해요

나는 나를 얼마나 사랑하나요? 언제, 어떤 행동을 할 때 나를 향한 사랑이 샘솟는지 이야기해 보세요.

adventure

누가복음 10장 25~37절을 읽고 빈칸에 들어갈 말을 <보기>에서 찾아 넣으세요.

보기 황금 | 영생 | 사랑 | 미워 | 이웃 | 이스라엘 | 사마리아 | 자비

25 어떤 *율법교사가 일어나 예수를 시험하여 이르되 선생님 내가 무엇을 하여야 □□을 얻으리이까

26 예수께서 이르시되 율법에 무엇이라 기록되었으며 네가 어떻게 읽느냐

27 대답하여 이르되 네 마음을 다하며 목숨을 다하며 힘을 다하며 뜻을 다하여 주 너의 하나님을 사랑하고 또한 네 이웃을 네 자신 같이 □□하라 하였나이다

…

29 그 사람이 자기를 옳게 보이려고 예수께 여짜오되 그러면 내 □□이 누구니이까

30 예수께서 대답하여 이르시되 어떤 사람이 예루살렘에서 여리고로 내려가다가 강도를 만나매 강도들이 그 옷을 벗기고 때려 거의 죽은 것을 버리고 갔더라

…

33 어떤 □□□□ 사람은 여행하는 중 거기 이르러 그를 보고 불쌍히 여겨

34 가까이 가서 기름과 포도주를 그 상처에 붓고 싸매고 자기 짐승에 태워 주막으로 데리고 가서 돌보아 주니라

35 그 이튿날 그가 주막 주인에게 데나리온 둘을 내어 주며 이르되 이 사람을 돌보아 주라 비용이 더 들면 내가 돌아올 때에 갚으리라 하였으니

36 네 생각에는 이 세 사람 중에 누가 강도 만난 자의 이웃이 되겠느냐

37 이르되 □□를 베푼 자니이다 예수께서 이르시되 가서 너도 이와 같이 하라 하시니라

단어 설명

율법교사(25절) 율법을 자세히 아는 유대인으로, 율법을 설명해 주고 생활에서 어떻게 지킬지 고민하는 사람을 말해요. 하지만 하나님보다 율법에 더 집중해서 예수님을 알아보지 못하고, 율법 지식만 내세우며 진심으로 실천하지 않았어요.

value

부록 148쪽

사랑 쿠폰

이웃을 나 자신처럼 사랑하는 행동은 어떤 것인지 생각해 보세요. 사랑 쿠폰을 완성한 후, 쿠폰에 적힌 대로 사랑을 실천해 보세요.

준비물

부록 공과 자료,
색연필, 필기도구

활동 방법

1 부록 공과 자료를 뜯어요.

2 사랑 쿠폰의 그림을 색칠해요.

3 비어 있는 쿠폰에는 이웃을 나 자신처럼 사랑하는 행동을 적고 그림을 그려요.

4 사랑 쿠폰을 친구들에게 하나씩 나눠 줘요. (총 6명)

5 친구가 사랑 쿠폰을 쓸 때 쿠폰에 적힌 대로 사랑을 실천해요.

encourage

학습 요점

1. 이웃을 나 자신처럼 사랑해요.
2. 나를 사랑하는 만큼 이웃을 사랑해야 해요.

이번 주 미션

Value에서 만든 쿠폰 내용대로 실천하고, 실천한 내용을 빈칸에 자세히 적어 보세요.

요일	친구 이름	쿠폰 이름과 실천 내용	친구의 반응
	김꿈미	< 하기 싫은 일 대신 해 주기 > 어려운 숙제를 하기 싫어해서 옆에서 어떻게 풀어야 하는지 알려 주고 도와줬어요.	혼자 할 때는 재미없었는데 같이 하니 재밌었다고 말했어요.

이번 주 실천 사항

성경 읽기	기도하기	말씀 암송	이번 주 미션

11단원 4과

하나님 나라를 위해 기도해요

읽을 말씀 누가복음 12장 22~34절

외울 말씀 그런즉 너희는 먼저 그의 나라와 그의 의를 구하라 그리하면 이 모든 것을 너희에게 더하시리라(마태복음 6장 33절).

원 포인트 하나님 나라를 구하는 기도를 해야 해요.

welcome

돌보는 사람도 없는데

평화로운 그림에 무엇이 보이나요? 그것들이 어떻게 자라고 움직일 수 있는지 생각해 보세요.

adventure

설교 말씀을 기억하며 다섯 가지 문제를 풀어 보세요.

1 예수님이 제자들에게 *염려하지 말라고 하신 것을 모두 골라 보세요.
① 무엇을 먹을까 ② 무엇을 버릴까 ③ 무엇을 입을까 ④ 무엇을 사랑할까

2 다음 그림에서 <보기>의 내용(하나님이 돌보신다고 말씀하신 것)을 찾아보세요.

보기 까마귀 | 백합 | 들풀

3 하나님은 우리가 따로 걱정하지 않아도 모든 것이 필요하다는 걸 아세요. (O / X)

4 예수님이 구하라고 말씀하신 것이 되도록 <보기>의 글자 순서를 바르게 맞춰 보세요. (31절)

보기 의 | 라 | 그 | 나

____

5 빈칸에 들어갈 알맞은 단어를 적어 보세요.
"너희 보물 있는 곳에는 너희 ○○도 있으리라"(34절).

____

단어 설명

*염려(22, 25~26절) 미래에 대해 마음을 써서 심각하게 걱정하고 고민하는 것을 말해요.

value

걱정과 하나님 생각 나누기

다음의 생각을 읽고, 예수님이 걱정하지 말라고 하신 것과 구하라고 하신 것을 나눠 써 보세요.

① 하나님이 기뻐하시는 행동은 뭘까?

② 나도 다른 친구들처럼 비싼 옷을 사야 하나?

③ 핸드폰이 없어서 친구들과 대화하기 힘들면 어떡하지?

④ 친구를 어떻게 전도할 수 있을까?

⑤ 용돈이 벌써 다 떨어졌는데 어떡하지?

⑥ 어떻게 하면 매일 잊지 않고 기도할 수 있을까?

중요하지 않은 걱정과 고민	하나님 나라와 의를 구하는 생각

encourage

학습 요점

1. 예수님이 하나님 나라를 구하라고 하셨어요.
2. 하나님 나라를 구하는 기도를 해요.

이번 주 미션

기도문의 빈칸을 채우고, 매일 하나님 나라를 구하는 기도를 드려요.

하나님 아버지, 항상 돌봐 주셔서 감사합니다.

하지만 아직 제가 ___예 어떻게 하면 더 예뻐 보일까___ 걱정을 많이 해요.

이제는 하나님이 제게 필요한 것을 다 더해 주신다는 것을 믿고 걱정하지 않을게요.

앞으로는 ___예 어떻게 하면 하나님이 보시기에 더 아름다울까___

생각을 많이 해서 하나님 나라와 의를 구하는 제가 되게 해 주세요.

예수님의 이름으로 기도합니다. 아멘.

이번 주 실천 사항

성경 읽기	기도하기	말씀 암송	이번 주 미션

하나님 나라의 시작 ②

12단원

unit 12

12단원 1과

십자가를 지고 예수님을 따라가요

읽을 말씀 누가복음 14장 25~35절

외울 말씀 누구든지 자기 십자가를 지고 나를 따르지 않는 자도 능히 내 제자가 되지 못하리라(누가복음 14장 27절).

원 포인트 제자는 십자가를 지고 예수님을 따르는 사람이에요.

welcome

무엇을 내려놓을까요?

십자가를 지기 위해서 내려놓아야 하는 것은 무엇일까요? 친구들과 함께 이야기해 보세요.

adventure

설교 말씀을 기억하며 빈칸을 채워 성경 이야기를 완성해 보세요.

보기 십자가 | 예수님 | 제자 | 순종

예수님이 수많은 무리에게 어떤 사람이
☐☐ 인지에 대해 이야기해 주셨어요.

예수님은 자기 ☐☐☐ 를 지고
예수님을 따르는 사람이 *제자라고 말씀하셨어요.

십자가를 지고 예수님을 따르는 사람은
자신이 가진 모든 것보다 ☐☐☐ 을
가장 *우선으로 생각하는 사람이에요.

예수님을 따라가며, 예수님을 닮은 모습으로
예수님의 말씀에 ☐☐ 하는
제자가 되기로 결심해요.

단어 설명

제자(26~27, 33절) 예수님을 따라가며, 예수님의 말씀을 듣고 순종하는 사람이에요.
우선 다른 모든 것 중에서 첫 번째로 중요하게 생각하는 것이에요.

value

내가 져야 할 십자가는?

다음의 십자가 중 내가 져야 하는 십자가를 골라 색칠해 보세요. 그리고 예수님을 따르기로 다짐하는 다짐문을 완성해 보세요.

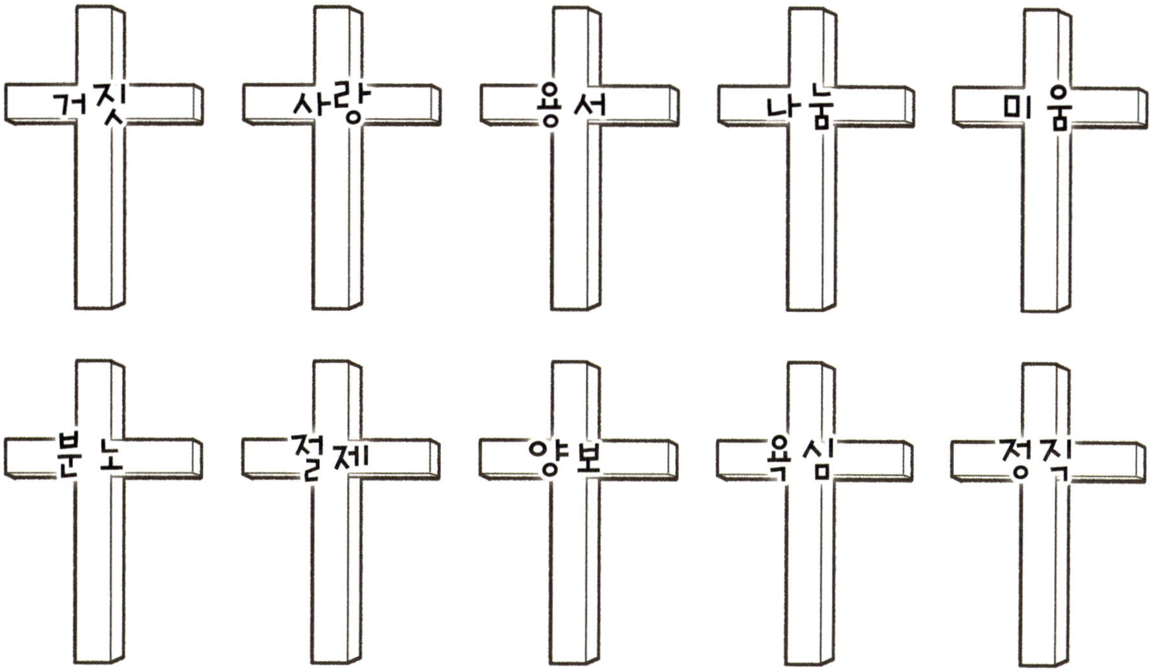

다짐문

나 ______________ 은(는) 십자가를 지고 예수님을 따르는 제자가 될 것을 다짐합니다.

년 월 일 이름 ______________ (인)

encourage

학습 요점

1. 제자는 예수님을 우선순위로 모시고 따르는 사람이에요.
2. 예수님의 제자가 되기로 결심하며 예수님의 말씀에 순종해요.

이번 주 미션

예수님을 따르는 제자는 욕심을 내려놓고 양보할 수 있어요. 가족 또는 친구와 함께 '양보하기 게임'을 해 보세요.

활동 방법

1 가족 또는 친구와 함께 하루를 시작하며, '양보하기 게임' 시간을 정해요. (예 아침 9시부터 저녁 7시까지, 등교할 때부터 하교할 때까지)

2 정해진 시간 동안 "양보할게"라는 말을 많이 한 사람이 승리하는 게임이에요.

3 정해진 시간 동안 자신이 "양보할게"라는 말을 몇 번 사용했는지 세어 보세요.

4 정해진 시간이 끝나면 "양보할게"라는 말을 몇 번 사용했는지 서로 말하고, 느낀 점을 나눠요.

이번 주 실천 사항

성경 읽기	기도하기	말씀 암송	이번 주 미션

12단원 2과

하나님은 잃어버린 사람을 찾으세요

읽을 말씀 누가복음 15장 11~24절

외울 말씀 내가 너희에게 이르노니 이와 같이 죄인 한 사람이 회개하면 하늘에서는 회개할 것 없는 의인 아흔아홉으로 말미암아 기뻐하는 것보다 더하리라(누가복음 15장 7절).

원 포인트 하나님은 잃어버린 사람을 찾고 계세요.

welcome

무엇을 찾고 있나요?

그림 속 친구의 이야기를 읽고 잃어버린 물건이 무엇인지 맞혀 보세요. 그리고 소중한 물건을 잃어버린 경험이 있다면, 친구들과 함께 이야기해 보세요.

질문: 무엇을 잃어버렸을까요?

답: ______________

adventure

설교 말씀을 기억하며 가로세로 낱말 퀴즈를 풀어 보세요.

1					
	2				
			4		3
	6		5		
	7				

가로 문제

1 얼려서 먹는 간식으로, 여름에 주로 많이 먹어요. (힌트: ice cream)

2 성경 본문 속 아버지의 첫째 아들과 둘째 아들 중, 아버지 곁을 떠난 아들은 몇째 아들인가요? (12절)

5 둘째 아들은 자신의 잘못을 뉘우치며 누구에게 돌아왔나요? (20절)

7 아버지는 돌아온 둘째 아들의 손에 무엇을 끼워 주었나요? (22절)

세로 문제

1 오늘 본문 속 아버지에게는 두 명의 ○○이 있었어요.

3 아버지를 떠난 둘째 아들은 누가 먹는 *쥐엄 열매로 배를 채우고자 했나요? (16절)

4 아버지는 돌아온 둘째 아들을 위해 살진 ○○○를 잡았어요. (23절)

6 그림 그리는 것을 직업으로 하는 사람을 뭐라고 하나요?

단어 설명

쥐엄 열매(16절) 가난한 사람들의 음식이나 가축의 사료로 쓰이는 열매를 말해요.

value

어떤 차이가 있나요?

둘째 아들의 생활은 아버지와 함께 있을 때와 떨어져 있을 때 어떤 차이가 있나요? <보기>의 내용을 알맞은 곳에 작성해 보세요. 그리고 둘째 아들이 돌아왔을 때, 아버지의 마음이 어땠을지 함께 나눠 보세요.

<보기>

1. 먹을 것과 입을 것을 걱정하지 않아도 돼요.
2. 돼지들이 먹는 쥐엄 열매로 배를 채워야 해요.
3. 아버지의 사랑을 받으며 아버지와 함께 살 수 있어요.
4. 아버지를 그리워하며 다른 사람들의 눈치를 보며 살아요.

아버지의 마음은 어땠을까요?

encourage

학습 요점

1. 하나님의 자녀는 하나님 안에 있어야 해요.
2. 하나님의 마음을 기억하며 복음을 전해요.

이번 주 미션

잃어버린 자녀를 찾으시는 하나님 아버지의 마음을 기억하며, 복음을 전하기 위한 전도지를 만들어 보세요. 가족과 함께 이웃을 전도한 후, 느낀 점을 작성해 보세요.

준비물	도화지, 사인펜, 색연필, 전도를 위한 선물(자유롭게 준비해요), 포장지
활동 방법	1 가족이 함께 모여 전도 대상자를 정하고, 어떻게 전도할지 이야기를 나눠요. 2 도화지(없을 경우 종이를 준비해요) 위에 전도 대상자를 위한 복음 메시지를 적어요. 3 전도 대상자를 위한 선물을 포장하고 전도지와 함께 전달해요. 4 활동을 마친 후 가족과 함께 느낀 점을 나눠요.

이번 주 실천 사항

성경 읽기	기도하기	말씀 암송	이번 주 미션

12단원 3과

응답하시는 하나님께 기도해요

읽을 말씀 누가복음 18장 1~8절

외울 말씀 나의 괴로운 날에 주의 얼굴을 내게서 숨기지 마소서 주의 귀를 내게 기울이사 내가 부르짖는 날에 속히 내게 응답하소서(시편 102편 2절).

원 포인트 기도에 응답하시는 하나님께 믿음으로 기도해야 해요.

welcome

어떤 상황일까요?

다음의 그림을 보며 어떤 상황인지 상상해 보고, 친구들과 함께 이야기해 보세요.

adventure

누가복음 18장 1~8절을 읽고 빈칸에 들어갈 말을 <보기>에서 찾아 넣으세요.

보기 낙심 | 재판장 | 기도 | 믿음 | 환관장 | 하나님 | *원한 | 사람

1 예수께서 그들에게 항상 ☐☐ 하고 낙심하지 말아야 할 것을 비유로 말씀하여

2 이르시되 어떤 도시에 하나님을 두려워하지 않고 사람을 무시하는 한 ☐☐☐ 이 있는데

3 그 도시에 한 *과부가 있어 자주 그에게 가서 내 원수에 대한 나의 원한을 풀어 주소서 하되

4 그가 얼마 동안 듣지 아니하다가 후에 속으로 생각하되 내가 하나님을 두려워하지 않고 사람을 무시하나

5 이 과부가 나를 번거롭게 하니 내가 그 ☐☐ 을 풀어 주리라 그렇지 않으면 늘 와서 나를 괴롭게 하리라 하였느니라

6 주께서 또 이르시되 불의한 재판장이 말한 것을 들으라

7 하물며 ☐☐☐ 께서 그 밤낮 부르짖는 택하신 자들의 원한을 풀어 주지 아니하시겠느냐 그들에게 오래 참으시겠느냐

8 내가 너희에게 이르노니 속히 그 원한을 풀어 주시리라 그러나 인자가 올 때에 세상에서 ☐☐ 을 보겠느냐 하시니라

단어 설명

과부(3, 5절) 남편을 잃고 혼자 사는 여자를 말해요.

원한(3, 5, 7~8절) 억울하고 속상한 일을 당해 슬픈 마음을 의미해요.

value

부록 149쪽

기도문 가랜드

학교나 가정 등의 장소에서 나는 어떤 기도를 할 수 있을까요? 기도문을 작성한 후, 가랜드를 완성해 보세요.

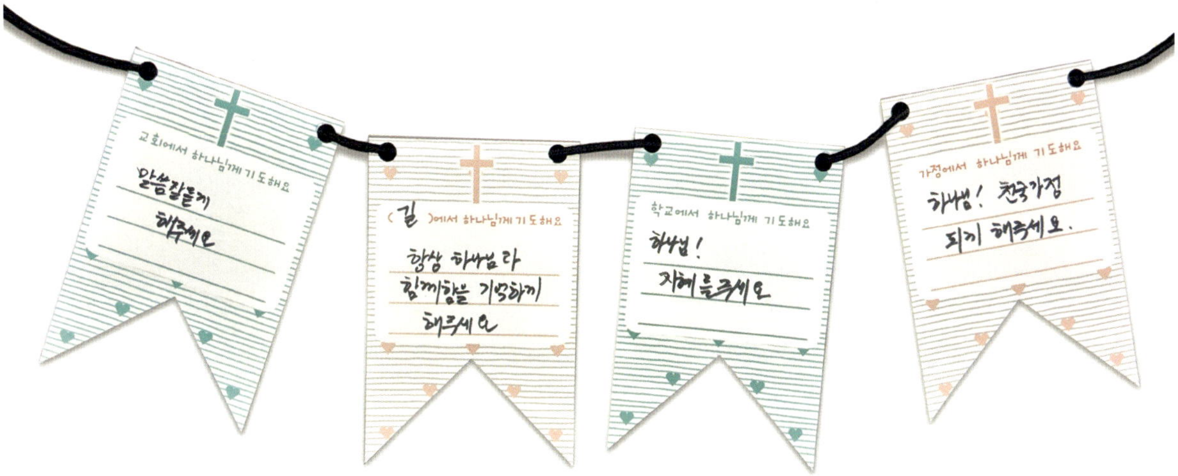

준비물

부록 공과 자료,
끈, 사인펜, 색연필,
필기도구,
각종 꾸미기 재료

활동 방법

1 부록 공과 자료를 뜯어요.
2 공과 자료에 하나님께 드리는 기도문을 작성해요.
3 사인펜과 색연필, 꾸미기 재료로 기도문을 꾸며요.
4 완성된 기도문을 끈으로 연결하여 가랜드를 완성해요.
5 가랜드를 볼 때마다 하나님께 기도드려요!

encourage

학습 요점

1. 하나님은 내 기도에 응답해 주세요.
2. 응답하시는 하나님께 기도해요.

이번 주 미션

한 주 동안 하나님이 내 기도에 응답하신 것을 떠올리며, 하나님께 감사 카드를 작성해 보세요.

이번 주 실천 사항

성경 읽기	기도하기	말씀 암송	이번 주 미션

12단원 4과

예수님을 만나면 변해요

읽을 말씀 누가복음 19장 1~10절

외울 말씀 인자가 온 것은 잃어버린 자를 찾아 구원하려 함이니라(누가복음 19장 10절).

원포인트 예수님을 만나면 변화된 삶을 살아요.

welcome

어떻게 변하나요?

예수님을 믿으면 어떤 모습으로 변화될까요? 다음의 그림 중 예수님을 믿고 변화된 사람을 찾아 ○ 표시를 해 보세요.

adventure

설교 말씀을 기억하며 다섯 가지 문제를 풀어 보세요.

1 예수님이 삭개오를 만난 지역의 이름은 무엇인가요? (1절)

① 여의고 ② 여의도 ③ 여리고 ④ 에베소

2 삭개오의 특징으로 옳은 것을 골라 ○ 표시해 보세요.

보기 *세리장 | 키가 큼 | 키가 작음 | 부자 | 가난함

3 삭개오는 예수님을 보기 위해 소나무 위에 올라갔어요. (O / X)

4 다음의 문장을 알맞은 문장으로 바꿔 보세요.

"예수님을 만난 삭개오는 재산의 절반을 가난한 자들에게 주지 않고, 다른 사람에게 빼앗은 것을 두 배로 돌려주었어요." (8절)

5 빈칸에 들어갈 알맞은 단어를 적어 보세요.

"오늘 구원이 이 집에 이르렀으니 이 사람도 ○○○○의 자손임이로다." (9절)

단어 설명

세리장(2절) 세리는 백성들이 나라에 내야 하는 돈인 세금을 걷는 일을 했어요. 세리는 걷어야 할 돈보다 더 많은 돈을 걷어 백성들의 미움을 샀어요. 세리장은 그 세리들의 대장이었어요.

value

무엇을 할 수 있나요?

예수님을 믿고 변화된 어린이는 어떤 일을 할 수 있을까요? 각각의 상황에서 내가 할 수 있는 일이 무엇인지 생각한 후, 빈칸에 적어 보세요.

encourage

학습 요점

1. 예수님은 죄인을 찾으시고 구원하세요.
2. 예수님을 만난 사람은 변화된 삶을 살아요.

이번 주 미션

예수님을 만나면 삭개오처럼 나도 변할 수 있어요! 변해야 하는 내 모습과 변화를 위해 실천할 노력을 작성해 보세요. 한 주 동안 실천한 후, 내 변화된 모습을 친구들에게 이야기해 보세요.

변해야 하는 모습		실천할 노력
예 나쁜 말을 사용하는 것	→	나쁜 말이 나오려고 할 때, 잠시 멈추고 예쁜 말을 사용해요.
예 거짓말하는 것	→	거짓말한 것을 뉘우치고 솔직하게 말해요.
	→	
	→	
	→	

이번 주 실천 사항

성경 읽기	기도하기	말씀 암송	이번 주 미션

하나님 나라의 시작 2

절기 공과

추수 감사 주일

하나님이 베푸신 은혜에 감사해요

성탄 주일

예수님은 회복을 주세요

추수 감사 주일

하나님이 베푸신 은혜에 감사해요

읽을 말씀 신명기 16장 13~17절

외울 말씀 범사에 감사하라 이것이 그리스도 예수 안에서 너희를 향하신 하나님의 뜻이니라(데살로니가전서 5장 18절).

원 포인트 하나님이 베푸신 은혜에 감사해야 해요.

welcome

인생 선물 그래프

'인생 선물 그래프' 위에 가장 기억에 남는 선물 세 가지를 그린 후, 선물을 받았을 때 어떤 마음이 들었는지 이야기해 보세요.

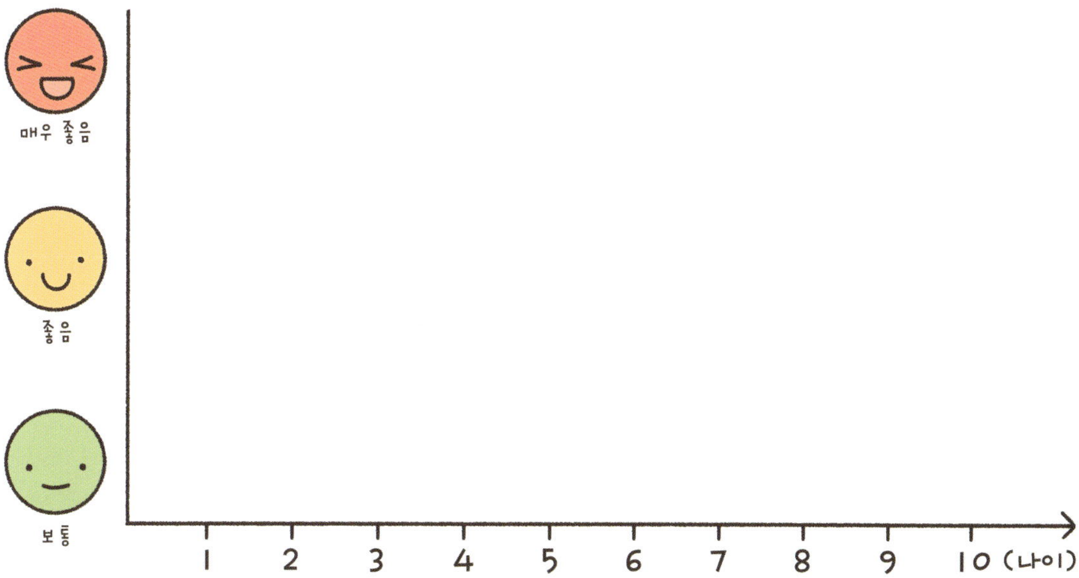

adventure

설교 말씀을 기억하며 다섯 가지 문제를 풀어 보세요.

1 하나님이 광야에서 지켜 주신 것과 농사의 수확을 감사하며 지키는 *절기는 무엇인가요? (힌트: ㅊㅁㅈ)

____

2 이스라엘 백성은 며칠 동안 초막절을 지켜야 했나요? (13절)

① 4일(나흘)　② 5일(닷새)　③ 6일(엿새)　④ 7일(이레)

3 이스라엘 백성은 초막절을 지킬 때, 모든 사람과 함께 즐거워해야 했어요. 이 사실을 기억하며 다음의 그림을 색칠해 보세요.

4 이스라엘 백성은 초막절을 지킬 때, 빈손으로 여호와 하나님께 나아가야 한다. (16절) (O / X)

5 빈칸에 들어갈 알맞은 말을 적어 보세요.

"☐ ☐☐이 네 하나님 여호와께서 주신 ☐을 따라 그 ☐대로 드릴지니라." (17절)

단어 설명

*절기(14~15절) 하나님이 베푸신 특별한 은혜를 기억하는 날이에요.

value

부록 150쪽

언제나 감사해요

하나님이 베푸신 은혜를 기억하며 언제나 감사하는 삶을 살기로 다짐해요. 각 상황에 알맞은 감사 제목을 작성해 보세요.

준비물

부록 공과 자료, 풀, 필기도구

활동 방법

1 부록 공과 자료를 뜯어요.

2 ‘감사 장면 1’을 보고 그 상황에서 할 수 있는 감사 제목을 생각해요.

3 생각한 감사 제목을 ‘감사 제목 카드 1’에 적고, ‘감사 장면 1’에 붙여요.

4 이와 같은 활동을 반복하고, ‘감사 장면 3’에는 나의 상황을 그림으로 그려요.

5 모든 ‘감사 제목 카드’를 붙인 후에 완성되는 ‘원 포인트’를 크게 외치며 언제나 감사하는 삶을 살기로 다짐해요.

encourage

학습 요점

1. 하나님이 베푸신 은혜에 감사해요.
2. 하나님이 베푸신 은혜를 기억하며 감사를 나누는 삶을 살아요.

이번 주 미션

한 주 동안 하나님이 베푸신 은혜를 기억하며 감사한 일을 그려 보세요. 그리고 감사를 주변 사람들과 나누는 방법을 적어 보세요.

하나님이 베푸신 감사한 일	감사를 주변 사람들과 나누는 방법

이번 주 실천 사항

성경 읽기	기도하기	말씀 암송	이번 주 미션

성탄 주일

예수님은 회복을 주세요

읽을 말씀 이사야 61장 1~9절

외울 말씀 지극히 높은 곳에서는 하나님께 영광이요 땅에서는 하나님이 기뻐하신 사람들 중에 평화로다 하니라(누가복음 2장 14절).

원 포인트 예수님은 회복을 주시는 구원자예요.

welcome

누구일까요?

선생님이 내는 '누구일까요?' 문제를 듣고 정답을 맞힌 사람은 빈칸에 정답을 그려 보세요. 세 개의 빈칸을 가장 먼저 채우는 사람이 승리하는 게임이에요.

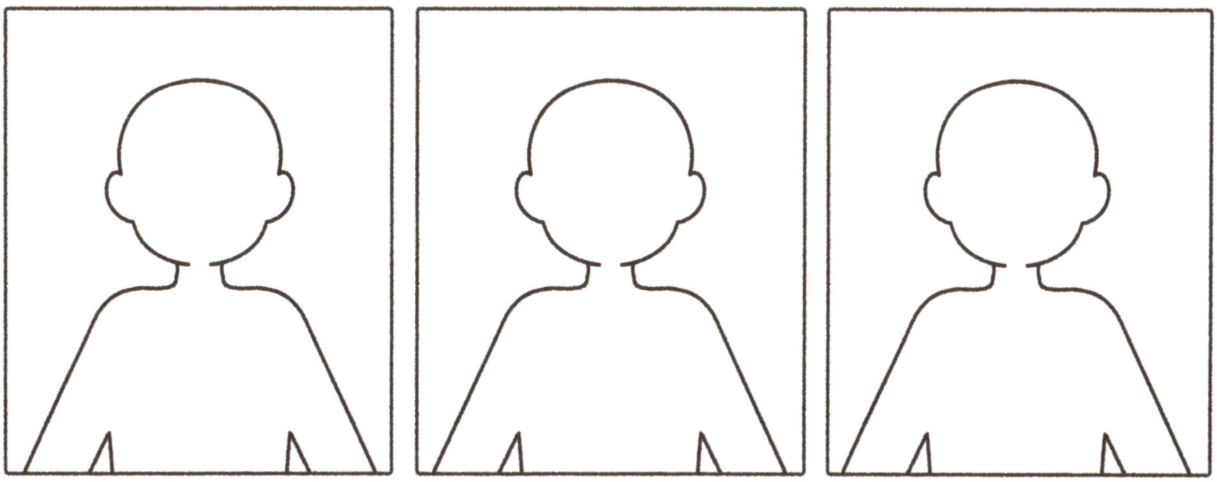

adventure

이사야 61장 1~9절을 읽고 빈칸에 들어갈 말을 <보기>에서 찾아 넣으세요.

보기 영 | 사랑 | 은혜 | 기쁨 | 목자 | 제사장 | 선지자 | 영원한 언약

1 주 여호와의 ☐ 이 내게 내리셨으니 이는 여호와께서 내게 기름을 부으사 가난한 자에게 아름다운 소식을 전하게 하려 하심이라 나를 보내사 마음이 상한 자를 고치며 포로된 자에게 자유를, 갇힌 자에게 놓임을 선포하며

2 여호와의 ☐☐ 의 해와 우리 하나님의 *보복의 날을 선포하여 모든 슬픈 자를 위로하되

3 무릇 시온에서 슬퍼하는 자에게 화관을 주어 그 재를 대신하며 ☐☐ 의 기름으로 그 슬픔을 대신하며 찬송의 옷으로 그 근심을 대신하시고 그들이 의의 나무 곧 여호와께서 심으신 그 영광을 나타낼 자라 일컬음을 받게 하려 하심이라

4 그들은 오래 *황폐하였던 곳을 다시 쌓을 것이며 옛부터 무너진 곳을 다시 일으킬 것이며 황폐한 성읍 곧 대대로 무너져 있던 것들을 중수할 것이며

5 외인은 서서 너희 양 떼를 칠 것이요 이방 사람은 너희 농부와 포도원지기가 될 것이나

6 오직 너희는 여호와의 ☐☐☐ 이라 일컬음을 받을 것이라 사람들이 너희를 우리 하나님의 봉사자라 할 것이며 너희가 이방 나라들의 재물을 먹으며 그들의 영광을 얻어 자랑할 것이니라

7 너희가 수치 대신에 보상을 배나 얻으며 능욕 대신에 몫으로 말미암아 즐거워할 것이라 그러하여 그들의 땅에서 갑절이나 얻고 영원한 기쁨이 있으리라

8 무릇 나 여호와는 *정의를 사랑하며 불의의 강탈을 미워하여 성실히 그들에게 갚아 주고 그들과 ☐☐☐☐☐ 을 맺을 것이라

9 그들의 자손을 뭇 나라 가운데에, 그들의 후손을 만민 가운데에 알리리니 무릇 이를 보는 자가 그들은 여호와께 복 받은 자손이라 인정하리라

단어 설명

보복의 날(2절) 하나님이 하나님의 뜻을 기준으로 재판하시는 날이에요.
황폐(4절) 집이나 땅 같은 곳이 거칠어져서 못 쓰게 된 상태를 말해요.
정의(8절) 거짓 없이 공평함을 의미해요.

value

부록 151~152쪽

성탄 데코 모빌

예수님이 회복을 주시는 구원자이심을 나타내는 성탄 데코 모빌을 만들어 보세요. 그리고 성탄절에 예수님이 회복을 주시는 구원자이심을 전하기로 다짐해요.

준비물

부록 공과 자료, 풀, 테이프, 털실

활동 방법

1. 부록 공과 자료를 뜯어요.
2. ‘성탄 데코 모빌 1’을 동그랗게 말아서 붙여요.
3. 붙인 ‘성탄 데코 모빌 1’에 ‘연결 고리 1’을 넣고 동그랗게 말아서 붙여요.
4. 붙인 ‘연결 고리 1’에 ‘성탄 데코 모빌 2’를 넣고 동그랗게 말아서 붙여요. 이와 같은 활동을 반복하여 ‘성탄 데코 모빌 4’까지 붙여요.
5. 마지막으로 ‘성탄 데코 모빌 1’ 위에 털실을 붙여 데코 모빌을 완성해요.

encourage

학습 요점

1. 예수님은 회복을 주시는 구원자예요.
2. 구원자이신 예수님이 주시는 회복을 전하는 삶을 살아요.

이번 주 미션

회복을 주러 오신 구원자 예수님을 전하기 위한 '회복을 주시는 예수님을 전해요!' 카드를 작성하고, 한 주 동안 주변의 친구와 이웃에게 예수님을 전해요.

회복을 주시는 예수님을 전해요!			
누구에게		언제	
어디서		무엇을	☐☐을 주시려 이 땅에 오신 ☐☐☐이신 예수님을!
어떻게			

이번 주 실천 사항

성경 읽기	기도하기	말씀 암송	이번 주 미션

풀
칠

풀
칠

풀칠

풀칠

풀칠

풀칠

다짐문

나 ________은(는) 두려운 상황에서

하나님을 인정할 것을 다짐합니다.

______년 ____월 ____일

이름 (인)

풀칠

풀칠

풀칠

풀칠

도피성

풀칠

풀칠

풀칠

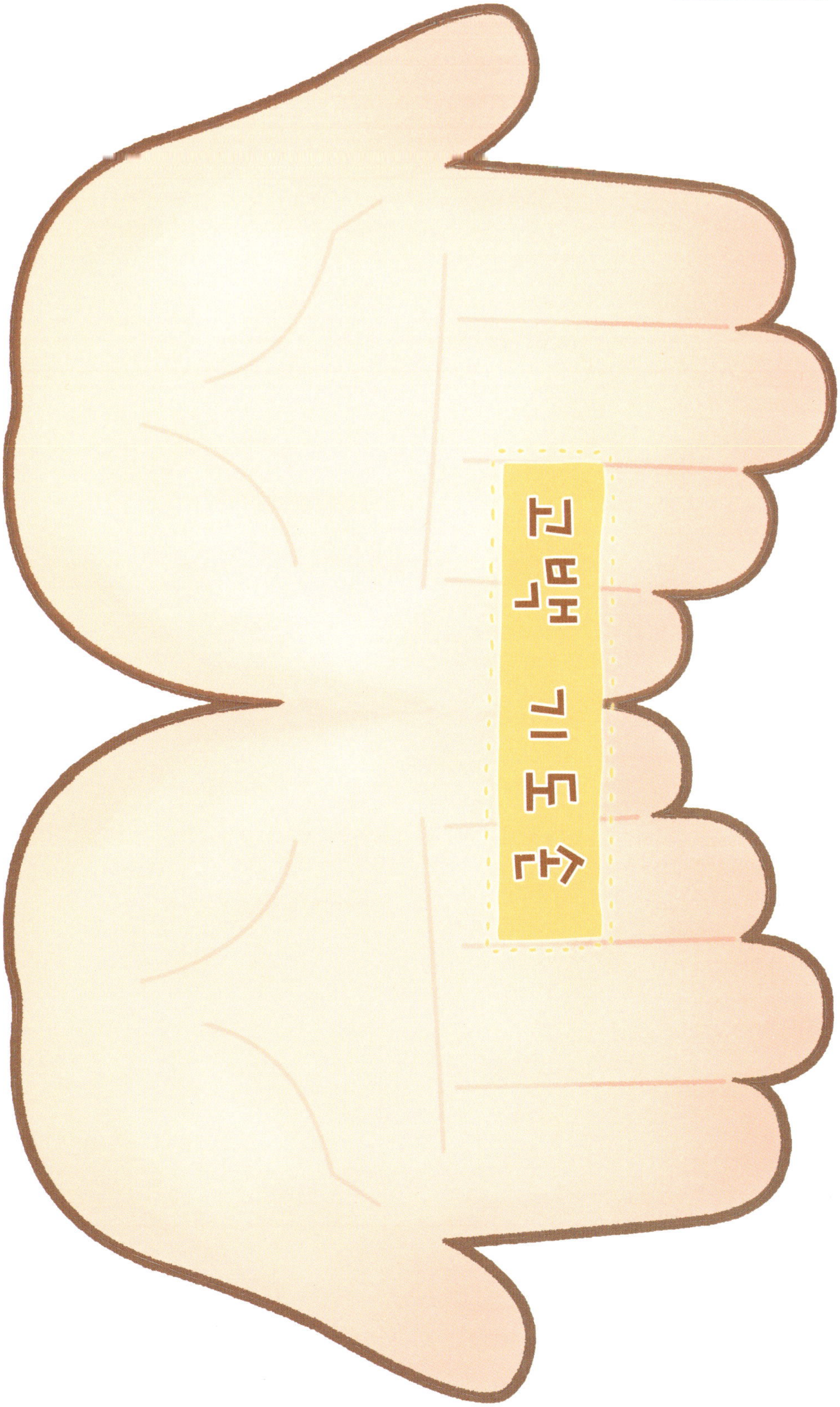

풀칠

풀칠

풀칠하는 곳

풀칠하는 곳

풀칠하는 곳

풀칠하는 곳

긍휼

"괜찮아, 그럴 수도 있지"
라고 말해요.

청결

지금 한 가지를 약속하고
반드시 지켜요.

화평

옆에 있는 사람을
꼭 안아 줘요.

의

예수님이 어떤 분이신지
소개해요.

풀칠하는 곳

풀칠하는 곳

풀칠하는 곳

사랑 쿠폰

하기 싫은 일 대신 해 주기

네 이웃을 네 자신 같이 사랑하라
"누가복음 10:27"

사랑 쿠폰

어려운 일 도와주기

네 이웃을 네 자신 같이 사랑하라
"누가복음 10:27"

사랑 쿠폰

청소 깨끗하게 하기

네 이웃을 네 자신 같이 사랑하라
"누가복음 10:27"

사랑 쿠폰

하고 싶은 놀이 함께하기

네 이웃을 네 자신 같이 사랑하라
"누가복음 10:27"

사랑 쿠폰

슬플 때 토닥여 주기

네 이웃을 네 자신 같이 사랑하라
"누가복음 10:27"

사랑 쿠폰

네 이웃을 네 자신 같이 사랑하라
"누가복음 10:27"

학교에서 하나님께 기도해요

가정에서 하나님께 기도해요

교회에서 하나님께 기도해요

(   )에서 하나님께 기도해요

언제나 감사해요

풀칠하는 곳

하나님이

베푸신 은혜에

감사해야 해요

풀칠하는 곳
구원자
MERRY CHRISTMAS
풀칠하는 곳
희망을
주시는
풀칠하는 곳
예수님은
풀칠하는 곳

풀칠하는 곳

풀칠하는 곳

풀칠하는 곳